首阳教育书系

U0666462

初中数学教学理论与实践探索

朱 华◎著

陕西师范大学出版总社 西安

图书代号 JY24N1508

图书在版编目（CIP）数据

初中数学教学理论与实践探索 / 朱华著 . -- 西安 ：陕西师范大学出版总社有限公司，2024. 9. -- ISBN 978-7-5695-4594-4

Ⅰ . G633.602

中国国家版本馆 CIP 数据核字第 2024TX0163 号

初中数学教学理论与实践探索

CHUZHONG SHUXUE JIAOXUE LILUN YU SHIJIAN TANSUO

朱　华　著

出 版 人	刘东风	
出版统筹	杨　沁	
特约编辑	仇智财	
责任编辑	刘锋利　董江江　李　娟	
责任校对	秦　云	
封面设计	知更壹点	
出版发行	陕西师范大学出版总社有限公司	
	（西安市长安南路 199 号　　邮编　710062）	
网　　址	http://www.snupg.com	
印　　刷	河北赛文印刷有限公司	
开　　本	710 mm×1000 mm　　1/16	
印　　张	11.75	
字　　数	235 千	
版　　次	2024 年 9 月第 1 版	
印　　次	2024 年 9 月第 1 次印刷	
书　　号	ISBN 978-7-5695-4594-4	
定　　价	60.00 元	

读者使用时若发现印装质量问题，请与本社联系、调换。

电话：（029）85308697

作者简介

朱华，女，陕西榆林人，毕业于榆林学院数学教育专业，任职于延安职业技术学院附属中学，高级教师、副校长，研究方向：中学数学教学。多年从事初中数学教育教学研究工作，致力于学生核心素养下问题导向式教学研究，提出"问题引领、互动探究、展示评价，实现深度学习"的教学主张。2017年获得"陕西省教学能手"称号，2023年荣获"陕西省学科带头人"称号。2017年成立"朱华数学工作坊"，带领团队对新课标下"教学评一致性"课堂教学进行研究，发挥工作坊团队优势，不断优化数学课堂教学，辐射带动区域内数学学科的教学。主持并结项了省级课题一项、市级课题两项；参与省级课题两项；主持在研省级课题一项；发表论文多篇。

前　言

　　数学是基础性学科，是学习其他学科知识的基础。学习数学不仅可以锻炼学生思考能力、培养理性思维、促进个人智力发展，还承载着落实立德树人根本任务、发展素质教育的功能。随着新课改的不断深入，新时期的教育形式逐渐从单一化向多元化转变。新课改对初中数学的教学要求越来越高，初中数学教师应当积极创设良好的数学教学环境，开展综合实践课程，培养学生的数学思维，以更好地促进学生综合素养的发展。

　　本书共七章。第一章为绪论，主要阐述了数学的学科性质、初中数学教学的理论基础、基本原则和功能意义；第二章为初中数学教学现状，主要阐述了初中数学教学中存在的问题和影响初中数学教学的因素；第三章为初中数学教学目标，主要阐述了教学目标概述、初中数学教学目标的确定和教学目标的表述；第四章为初中数学教学模式，主要阐述了初中数学自主学习、翻转课堂、合作学习、探究式和支架式教学模式；第五章为初中数学教学评价，主要阐述了初中数学教学评价的理念、内容和策略；第六章为初中数学教学与信息技术应用，主要阐述了初中数学教学与信息技术整合的意义、问题和实际应用；第七章为核心素养视域下初中数学教学实践探索，主要阐述了核心素养视域下初中数学课堂的构建和情境教学。

　　在撰写本书的过程中，作者借鉴了一些国内外专家学者的相关研究成果，在此对他们表示诚挚的感谢。

　　由于作者水平有限，书中有一些内容还有待进一步深入研究和论证，在此恳切地希望各位读者朋友予以斧正。

目　　录

第一章　绪论……………………………………………………………… 1

　　第一节　数学的学科性质 ………………………………………… 1

　　第二节　初中数学教学的理论基础 …………………………… 10

　　第三节　初中数学教学的基本原则 …………………………… 20

　　第四节　初中数学教学的功能意义 …………………………… 28

第二章　初中数学教学现状 ………………………………………… 31

　　第一节　初中数学教学存在的问题 …………………………… 31

　　第二节　影响初中数学教学的因素 …………………………… 40

第三章　初中数学教学目标 ………………………………………… 49

　　第一节　教学目标概述 …………………………………………… 49

　　第二节　初中数学教学目标的确定 …………………………… 52

　　第三节　初中数学教学目标的表述 …………………………… 61

第四章　初中数学教学模式 ………………………………………… 63

　　第一节　初中数学自主学习教学模式 ………………………… 63

　　第二节　初中数学翻转课堂教学模式 ………………………… 70

　　第三节　初中数学合作学习教学模式 ………………………… 79

　　第四节　初中数学探究式教学模式 …………………………… 90

　　第五节　初中数学支架式教学模式 ………………………… 100

第五章　初中数学教学评价 ………………………………………… 111

　　第一节　初中数学教学评价的理念 …………………………… 111

第二节 初中数学教学评价的内容 …………………………………… 122

第三节 初中数学教学评价的策略 …………………………………… 126

第六章 初中数学教学与信息技术应用 …………………………………… 134

第一节 初中数学教学与信息技术整合的意义 …………………… 134

第二节 初中数学教学与信息技术整合的问题 …………………… 136

第三节 信息技术在初中数学教学中的实际应用 ………………… 140

第七章 核心素养视域下初中数学教学实践探索 ……………………… 151

第一节 核心素养视域下初中数学课堂的构建 …………………… 151

第二节 核心素养视域下的初中数学情境教学 …………………… 168

参考文献 ……………………………………………………………………… 177

第一章 绪 论

数学是以系统性、逻辑性、抽象性为特点的学科，所包含的内容也十分丰富。初中数学知识是小学数学知识的拓展和升华，是高中数学知识的基础和过渡。在初中数学教学中，学生不仅要学习新知识，还需要对所学知识进行巩固、理解和提高。初中阶段是学生学习生涯的重要时期，也是学生思维能力形成的关键时期，因此针对初中数学的教学研究意义重大。本章分为数学的学科性质、初中数学教学的理论基础、初中数学教学的基本原则、初中数学教学的功能意义四个部分。

第一节 数学的学科性质

一、数学的本质

写在纸面上的数学和数学家所想的数学都是反映现实世界的，且数学的真理也在于它同客观现实相一致。另外，数学既有源于现实的一面，也有高于现实的一面。数学的研究对象并不仅仅是现实世界中的真实存在，在现实世界中找不到数学意义上的"1"、点、直线、圆、平移、随机事件，只能看到这些数学概念的原型。数学是精确的、严谨的，但现实不是这样的，只要数学的命题涉及现实，它们就不是可靠的；只要它们是可靠的，它们就不涉及现实。数学艰难地徘徊在现实与非现实之间，它的意义不存在于形式的抽象中，也不存在于具体的事物中，数学联结了心灵感知的抽象世界和完全没有生命的、真实的物质世界。数学是用理性的手指触摸天上的星辰，它不断地追求最简单的、最深层次的、超出人类感官所及的宇宙的根本。

二、数学的基本思想及相关概念

数学的基本思想是指数学产生和发展所依赖的思想以及研究数学后具有的思维能力，是数学思想中具有奠基性、总结性的思想，它集传统数学思想和现代数学思想于一身，并随着时代的发展不断完善。数学的基本思想既是数学在形成和发展过程中离不开的思想，也是学习了数学之后形成的思维特征。

数学的基本思想是数学学科发展史上最重要的思想，较之一般的数学思想，它具有一定的深度和概括性。数学的基本思想主要有数学抽象思想、数学推理思想、数学建模思想和数学审美思想等。数学抽象思想是指把与数学相关的客观事物通过抽象形成数学研究对象；数学推理思想是指通过严密的推理得出数学的命题和计算方法；数学建模思想是指在现实世界中将通过模型创造的数学语言与数学内部之间建立联系；数学审美思想是指通过数学审美，体会"透过现象看本质"等现象中的美，感受数学"以简驭繁""天衣无缝"的魅力，并从"美"的角度发现和创造新的数学。

数学的基本思想经过演变、派生、发展得到数学思想。例如，由抽象思想派生出数学分类、集合等思想，由推理思想派生出数学归纳、数形结合、转化等思想，由建模思想派生出数学函数、方程、优化等思想，由审美思想派生出简洁、对称等思想。因此，数学思想是指将现实世界中的空间形式和数量关系反映在人类的意识中，并通过思维活动产生的结果。它是对数学中的知识和方法最根本的认识，也是对其中规律的理性理解。另外，数学思想有时还被用来泛指某些意义重大、内容丰富、体系完整的数学成果，数学思想是在对数学对象认识过程中提炼出来的具有普遍意义的观点和想法，是指导数学活动进行的重要理论成果。数学思想与数学知识的产生和发展密不可分，是对数学知识和方法的抽象概括。初中数学中蕴含的数学思想主要有符号化与变元、数形结合、化归、特殊与一般、方程与函数、分类讨论、类比联想、数学建模、统计与概率等。

数学方法是将现实世界中事物的状态、相互间的关系等用数学的语言表示出来，然后再通过严密的推导、计算等过程，得出解释、判断以及预言现实中事物的手段。数学方法是在如数学的学习、研究、问题的解决等具体的数学活动中所形成的操作、流程和范式等，是在这些活动中积累起来的进行数学研究和解决现实问题的方法。以数量关系和空间形式为研究对象，从问题的发现与提出再到分析并解决的整个过程中，人们所用到的各种途径、手段及行为规范都可以叫作数学方法。因此，数学方法是指利用数学思想思考解决具体问题时，对某一类具有相同特征、可以用同一范式解决的问题反复琢磨、不断完善后得出的某一种可操作的方法。数学方法是数学思想的具体表现形式。例如，用转化思想思考并解决问题时，可用换元法、消元法、降次法等；用数形结合思想思考并解决问题时，可用图像法。

数学思想方法是对数学知识内容最根本的理解，属于普遍性的原理。数学思想和数学方法统称为数学思想方法，它包含了思想观念和操作方法两方面的含义。对于同一数学成果而言，如果从数学体系或其意义和价值的角度论述，就是数学思想；如果运用其解决数学问题，则为数学方法。由于数学思想和数学方法密切联系，许多学者在进行研究时对数学思想和数学方法并不加以区分，统称为数学思想方法。

三、数学的学科功能

数学具有诸多的属性与功能，我国著名数学家李大潜认为数学是一类常青的知识，是一种科学的语言，是一个有力的工具，是一个共同的基础，是一门重要的科学，是一门关键的技术，是一种先进的文化。

（一）数学的工具属性与使用功能

数学是研究数量关系和空间形式的科学，是人们认识世界、改造世界的工具。数学的工具属性体现在很多方面，小至菜市场买菜、住房贷款利息的计算、各种计数和各种测量，大至数学作为各门学科的共同基础在科学、技术等方面的应用。数学是自然科学的基础，也是重大技术创新发展的基础。数学实力往往影响着国家实力，几乎所有的重大发现都与数学的发展和进步相关，数学已成为航空航天、国防安全、生物医药、信息、能源、海洋、人工智能、先进制造等领域不可或缺的重要支撑，直接为社会创造价值。

（二）数学的思维属性与启智功能

数学的存在与发展都要依靠思维来体现，数学是思维的工具。精湛的艺术常常借助数学显示其美感和力量。数学的学科性质、思维方式决定了数学在人类认识自然与改造自然、在锻炼大脑和开发智力方面具有独特的功能与优势，数学处于人类智能的中心领域。虽然其他学科也有促进人类思维发展的功能，但是在深度、广度、系统性、有效性等方面是无法与数学相提并论的。从更广泛、更深刻的意义上看，数学提供了一种思维的方法与模式，提供了一种最有力的工具，提供了一种思维合理性的标准，给人类的思想解放铺垫了道路。

（三）数学的文化属性与育人功能

数学的思想、精神、语言、方法、观点以及数学对人类生活、科学技术、社会发展的贡献与意义等，不仅对人的思维方式与行为方式具有直接而独特的影响，而且对人的世界观、人生观、价值观也具有很大的影响。一个具有良好数学素养的人在思考问题时往往是冷静、理性、富有条理的，并且崇尚逻辑的力量，具有实事求是、坚韧不拔的意志品质。数学作为人类思维的表达形式，反映了人类积极进取的意志、缜密周详的推理以及对完美境界的追求。

四、初中数学学科特点

初中的数学知识具有如下三个明显的特点。

第一，高度的抽象性。在数学中，和数的概念一样，形的概念也完全是从外部世界得来的，都是把具有一定形状的物体加以比较，然后才能抽象成形的概念。数学的抽象性不同于其他学科，主要表现在对象和程度上，数学是建立在抽象的基础上的。

第二，严密的逻辑性。在数学中，只有经过逻辑推理、严格证明才能承认结论的正确性，证明的过程往往是严谨且有理有据的。

第三，广泛的应用性。数学在日常的社会生活以及科学技术中都作为一种工具或者手段被广泛应用，生活中处处皆是数学。因此，学好数学对学生非常重要。

初中数学的知识体系分布明确，其中七年级注重基础知识和基本技能，会逐渐培养学生的逻辑思维能力和抽象能力；八年级难点多，对学生思维能力的要求有所提高，要求学生掌握函数思想、数形结合思想等；九年级考点增多，每章都有考点，圆、二次函数、反比例函数等都是初中学业水平考试中综合性较强的考点。相对而言，七年级数学较为简单，但却是八年级、九年级数学学习的基础，许多学生在七年级时感受不到数学学习的压力，对更深层次的学习没有足够重视，从而积攒了很多小问题，这些问题不仅是数学知识上的，更多的是思维上的，进入八年级就会突然感到压力倍增，不理解函数是什么、不会做证明题。这都是数学逻辑思维上存在问题的表现。也有七年级的学生疑惑，小学数学能考七八十分，怎么到了初中听懂了就是不会做题，初中数学相比小学数学，有了更高的逻辑性要求，只有打好基础、理解概念定理、灵活思考问题，才能学好初中数学。

五、初中数学教学课程及教学设计

（一）初中数学主要课程

在初中数学教学过程中，比较常见的课程大致可以分为概念教学课（如数轴、有理数的乘方、函数、全等三角形、方差等）、原理教学课（如有理数的加减、线段的长短比较、完全平方公式、平移等）、数学复习课（如数轴的再认识、勾股定理复习课等）、数学习题课（如用字母表示数、去分母解一元一次方程、获取最大利润等）和综合实践课五种。

1. 概念教学课

数学概念是人类对现实世界中空间形式和数量关系的概括反映，是建立数学法则、公式、定理的基础，也是运算、推理、判断和证明的基石，更是数学思维、交流的工具。数学概念根据来源大致可以归为直接抽象而成的概念和在逻辑思维基础上抽象而成的概念，正如平行线的概念可以和铁轨类比直接抽象而成；一次函数的概念则需要在大量数据的类比与思维的转化后抽象而成。但无论是哪一种概念，都对构建后续的数学理论尤为重要，是学生的学与教师的教循序渐进的基石，尤其是从小学阶段较为直观和简单的内容转化为初中阶段较为抽象和综合的内容时，初中学生在思维上要进入新的"关键期"，以此来适应逐渐复杂的数学学习内容，同时该阶段学生对于数学概念的学习也步入了非常关键的时期，新知识中需要学生运用逻辑思维去构建概念的频次也逐渐增多。例如，大量的定理和定义就非常考验学生的抽象能力和推理能力，学生也将在概念的学习中提升自身的多方面能力，以便于适应逐渐抽象和复杂的初中数学学习内容。

在数学概念教学过程中，不仅要将学生带回现实，还要引导学生学习数学化，并在概念的实例中体会数学。数学概念教学应注重基础理论教学，以此来提高学生的数学思维，同时数学概念教学还可根据学生的发展特点，借助游戏的形式开展教学，并对作业进行设计。

2. 原理教学课

数学原理既揭示了概念间的关系，也表示了某种规律的数学真命题，其表现形式为定理、公式、法则、性质。数学原理属于数学基础知识范畴，蕴含着丰富的数学思想方法，是各种数学问题的表达形式，更是数学逻辑推理的基础。另外，数学原理的学习有助于学生认知结构的良好发展。因此，深入全面地掌握有关数学原理的重要性不言而喻。

在进行数学原理教学时，教师不仅要考虑学生头脑中已有的数学知识，帮助学生找到新旧知识之间的联系；同时还可利用数学文化丰富的内涵，创设有关数学文化的情境，如创设有关数学史、数学美的情境等，引导学生在实际情境中应用知识、在问题解决的过程中自主建构知识，熟悉原理的推导、证明过程，掌握数学的原理，感受数学文化的熏陶。教师在进行数学原理教学时还应充分考虑学生已有的认知水平与数学经验，学生的知识面越广，越容易发现知识间的联系，此时对其引导，则更能帮助学生全面、深刻地理解知识。同时教师还可以从数学文化入手，如数学家的故事、数学美、数学游戏等，注重激发学生学习数学的兴趣，使学生积极主动地、发自内心地参与到数学课堂中，引导学生自己去发现、去探究，经历知识的形成过程，完成数学原理的推导证明。

3. 数学复习课

数学复习课是根据学生的认知特点和规律，在学习的某一阶段，以巩固、梳理所学知识、技能，促进知识的系统化，提高学生运用所学知识解决问题的能力为主要任务的一种课型。其教学目标是加深学生对所学内容的理解，帮助学生分类、总结、归纳知识，形成自己的知识体系，灵活运用所学知识，提高分析、解决问题的能力。数学复习课是数学教学中的重要组成部分，其内容、形式、操作方法等都与新授课有明显的不同，按照复习课性质进行分类主要有知识拓展深化性质的复习课、知识梳理性质的复习课、专业技能形成性质的复习课三种。

数学复习课具有较强的系统性、逻辑性，重在关注学生的学习探究过程和培养学生的逻辑思维能力，不仅是对所学知识的简单记忆、查漏补缺，还能将碎片化的知识通过知识网络和框架形成相对完善的知识体系，提高学生的逻辑思维能力。在数学复习课的教学中，教师要充分调研学情，根据学生知识的掌握情况选择合适的教学内容，优化教学环节，提取重点，突破难点，激发学生学习的自主性和主动性，让学生在知识内化的基础上，通过适当的练习获得有效的学习方法，提高数学复习课的效率。

4. 数学习题课

（1）数学习题课的概念

数学习题课是新课讲授之后由教师挑选合适的题目让学生进行练习，之后教师进行讲解的课型，是对新课所授知识的巩固和综合应用。仅仅依靠讲授新课是很难让学生对所讲内容全部消化吸收的，必须借助习题来提高学生对所学知识点的掌握程度。广义的习题课是指新课以外的全部课程。一般来说，教师对某一新课讲完之后，都会选取合适的习题，有计划地组织学生进行练习。

（2）数学习题课的作用

习题课一定要遵循及时性原则，即教师在某一节新课授完之后，一定要立即安排习题课，时间间隔不能太久，教师更不能为了赶教学进度，采取上完某一章内容、直接跳过习题课进入复习课阶段的方式。

首先，习题课有强化知识功能。新课上完之后，教师挑选合适的习题进行教学，能够加快学生对知识的吸收并对其产生新的理解，让学生进一步达到内化的效果。

其次，习题课具有导向功能。一方面，习题课能够给学生指明方向，学生通过做习题能够确切地知道自己在哪些知识上还存在问题，为学生需要花时间去弄清的地方指明了方向；另一方面，习题课能够给教师指明方向，习题课的本质是师生之间的交流，而不是教师单方面地将每道题在黑板上演示一遍。它通过师生之间的互动，让教师了解学生的整体情况，了解学生在哪些内容上掌握得比较扎实，在哪些知识上还存在问题，为教师着重讲某个（些）知识指明了方向。

最后，习题课能够发展学生的数学核心素养。初中学生需要具备一定的观察能力、归纳能力、概括能力和逻辑推理能力等，而有效的习题课正好能够培养和提高学生这方面的能力。习题课能开拓学生的思路，能培养学生分析问题和解决问题的能力，还能增进师生、生生之间的沟通，从而使学生做到温故知新、对所学知识进行查缺补漏、完善知识体系。

5. 综合实践课

综合实践课作为初中数学课程内容的重要组成部分，既是《义务教育数学课程标准（2022年版）》中的一大亮点，也是课程发展和数学教学改革的结果，为学生创造了一个通过综合运用所学知识去做数学、学数学、理解数学的平台。

综合实践课是在实践过程中通过提问、引导学生参与整个教学过程而进行的相对完整的实践活动。综合实践课并非简单的单一学科的练习，从外部看，综合实践课可以统整数学相关学科和有内在联系的其他学科；从内部看，它可以统整数学相关要素。在统整相关学科和数学相关要素的基础上，初中数学教学可以引导初中学生将理解、掌握的数学相关知识应用于实际生活，从而提高学生的问题意识，达到提高学生数学核心素养的目的。在数学综合实践课中，教师的主要任务在于启发和引导，既要着重培养学生的问题意识，也要让学生思考与现实生活中问题的内在关联性，以此设计问题解决方案。

综合实践课是以问题为载体、以学生自主参与为主的学习活动。首先，教育要基于学生的实际情况，让学生在解决问题的过程中，尝试提出最佳的解决方案；其次，要充分发挥学生的主体性，让学生积极主动地参与到活动的各个环节，并能根据自己对活动的理解总结经验，然后同学之间展开交流，以此来提高自己解决问题的能力；最后，以问题为核心，在解决问题的过程中，让学生体会数学知识和其他学科之间的联系，逐步训练学生的应用意识和应用能力。

综合实践课以培养学生综合运用所学知识和方法解决实际问题的能力为目标，根据不同学段的学生特点，以跨学科主题学习为主，适当采用主题式学习和项目式学习的方式，设计情境真实、较为复杂的问题，以此来引导学生综合运用数学学科和跨学科的知识与方法解决问题。小学阶段对综合实践领域的学习，主要采用主题式的学习方式，让学生感悟自然界中的数学与生活中的数学，在获取知识的同时，激发学生学习数学的兴趣；初中阶段对综合实践领域的学习，可采用项目式的学习方式，以问题为导向，整合数学与其他学科的知识和思想方法，让学生从数学的角度观察与分析遇到的现实问题，积累数学活动经验，提高发现与提出问题、分析与解决问题的能力，发展创新意识和实践能力。

综合实践课通过数学综合实践活动解决实际问题，并可根据解决问题的情况检验数学课程的教学情况。学生通过这样的综合实践课逐步积累了数学活动经验与学科知识，即数学活动经验是在"做"和"想"的实践过程中积淀而来的。因此，综合实践课是学生逐步积累数学活动经验、培养数学核心素养的主要载体，而数学核心素养既是数学课程目标的具体反映，同时又是学生在数学学习与运用过程中逐步建立和发展起来的。综合实践课主要着眼于培养学生的数学思维，用数学思维思考现实生活，并应用数学的话语解释说明发生在现实生活中的现象。从这个角度不难发现，该课程内容的开展不仅可以激发学生对学习数学的兴趣，还可以训练学生逐渐形成数学学科的核心素养，能够让学生更加适应未来社会的新要求。

总之，初中数学综合实践课教学是基于学生以往积累的数学知识和生活经验，同时在教师的引导下，学生能够以具体的问题或情境为启发，从数学的视角思考现实生活中所遇到的问题，进而能够有效地分析问题和解决问题。

（二）初中数学教学设计要素及特征

1. 初中数学教学设计要素

初中数学教学设计应包含下列几个基本要素：教学内容分析、学情分析、教学目标、教学重难点、教具、教学过程（五个环节）、教学反思等。教学设计要从"为什么学"入手，确定学生的学习目标；根据制订的学习目标与如何提升学生的知识与技能、过程与方法、情感态度与价值观，进一步确定具体的教学内容，确定"学什么"；确定了学习内容和学习目标后，要考虑采取什么方法、策略使学生掌握新知，即"如何学"；最后对教学效果进行评价，优化教学设计，以促进学生的学习，完善课堂教学。

2. 初中数学教学设计特征

初中数学教学设计具有如下三个方面的特征。

（1）整体关联性

①教学内容的整体性。初中数学单元整体教学要让学生从原有的知识碎片化转变为知识体系化，学生在学习的过程中不是单一地学习某个知识或者掌握某一项技能，而是在脑海中形成知识的有机统一，清晰地构建知识之间的联系。因此，教师在教学设计上应从整体的观念出发把握教学内容，要确保所设计的内容知识结构完整，凸显部分与部分的整体关联性。

②教学目标的整体性。随着教学目标由"双基"到"四基"的转换，教学目标要求更加全面与完善，同时更加强调对学生学习过程的关注。教学目标通常是从"知识与技能""过程与方法""情感态度与价值观"三个维度来综合考虑并设定的，而这三个方面并不是互相独立、毫不相干的，在设定目标时应注意这三者的综合统一，从宏观的角度去把控、设计合理、整体的教学目标。

③教学安排的整体性。单元整体教学的思路是"总—分—总"的过程，因此要格外注意在课程的最后回到最初的大目标。在教学设计过程中，不能将一个小单元或一个课时甚至是一个教学环节独立出来，这样显得过于片面，与单元整体设计的原则背道而驰，应统揽全局、互相联系，避免"只见树木不见森林"的情况出现。

④学生认知的整体性。由于数学知识是有连贯性的，知识的产生环环相扣，所以在进行数学单元整体教学时，对教学内容的筛选和设计可能跨度很大，往往涉及多个年级的教学内容，而学生在各个年级的思维水平、认知结构、行为习惯、心理特征以及接受能力都有所不同、存在差异，所以教师在单元整体教学设计时应多方面考虑学生的接受能力。

（2）动态发展性

教学设计是一个动态发展的过程，不是一成不变的。对于同一节课，针对不同的班情应有不同的教学策略。教师在备课过程中应充分考虑学生的学情，针对不同的班级情况在教学内容上要有所取舍，做出调整以适应学生的能力发展水平。在授课过程中，可能会发生突发状况或与备课预设相冲突的情形，因此教师应以学生为本，根据实际情况适时调节课堂教学策略和课堂教学进度，以落实教学的各项任务及教学目标的实现。完成一节课堂教学后，应针对本节课的学生反馈与发现的问题及时反思、整改，不断完善教学设计，以便教学资源的循环再利用。

（3）团队合作性

教学设计很难由一个教师独立完成，该过程需要投入大量的时间与精力去探索、琢磨、反复推敲，这就要求参与教师有较高的专业素养，因此在进行数学教学设计时，应以一个备课组、教研组或教研团队为单位合作完成。

在教学设计前期，教师应分工明确、各司其职、团结协作，形成初步教学方案；在教学实施过程中，教师可结合自己对教学内容的理解针对自己完成的设计部分提出教学建议，遇到疑难问题集思广益、各抒己见，找到有效的解决方法；完成课堂教学后，所有教师都应及时做出反思，总结教学过程中的优点与不足，完善教学设计，实现信息共享。

第二节　初中数学教学的理论基础

一、弗赖登塔尔数学教育理论

荷兰著名的数学家、数学教育家弗赖登塔尔（Freudenthal）被誉为"二十世纪数学教育之父"，他的数学教育观为数学教育教学指明了方向。弗赖登塔尔的数学教育观可以凝练为"现实、数学化、再创造"。

关于"现实"，弗赖登塔尔认为问题情境是教学的基础。创设情境的前提是充分了解学生的数学现实。数学具有广泛的应用性，它来源于现实，作用于现实，而且每个学生由于经验世界的差异性有各自不同的"数学现实"，因此教师在进行数学教学时，呈现的问题情境一定要符合学生的"数学现实"。初中数学教学生活化即经过数学生活情境的创设工作，让数学知识架构还不够完备、逻辑思维能力还需提升的学生，依据客观形成一定的数学概念，从而确保数学的运用性。

弗赖登塔尔认为数学化是数学教育的目标。数学化是指人们运用数学的眼光观察和认识客观世界，运用数学的思维思考和改造客观世界，运用数学的语言表达和交流研究客观世界。"数学化"具体是指师生在数学教学过程中共同努力、相互作用，使学生准确理解数学表达或运算所需的准则，最终形成自己关于各种物体和情境的数学思考与表达。该理论强调数学教育能够让学生的数学思想和方法与现实世界产生联结，进而能够通过数学的方式对现实世界进行整理和组织。主要包括两个部分：一部分是将现实中的问题数学化，即发现实际问题中数学的存在，并通过已有的数学知识逐步剖析、进行解决；另一部分是对符号和概念的数学化，即能够利用数学语言和思想进一步对概念等进行抽象化的数学处理，并进行整理和推广。"数学化"对于学生数学思维的发展和解决问题能力的形成非常关键。教师应时刻关注学生"数学化"的形成，尤其是低年级的数学教师一定要善于帮助和引导学生完成"数学化"，如果学生没能在关键的年龄段很好地完成"数学化"，将导致学生以后在数学能力发展方面产生一定的障碍。

弗赖登塔尔提出了"再创造"的教育观点，这里所说的"再创造"是用数学的思想方法对已经呈现的数学知识进行深层次的整合，最终得出新的数学知识。在这一过程中，其核心是数学思维过程的再现。问题情境导向下的"再创造"是一种将数学视为活动的教学方式，它是通过情境呈现、问题引领、任务驱动，让学生在教师精心组织的数学教学活动中独立思考、交流探究，获得数学结论和再创造的过程，同时这也是"做数学"的过程。在学生"做数学"的过程中，教师的主要任务是给予学生有效的帮助和适时的引导，帮助学生进行"再创造"，提升学生的创新意识和实践能力。该理论强调数学来源于现实又应用于现实，将情境问题作为数学教育的平台，教师在教学的过程中要通过学生已有的认知规律、生活经验等灵活地结合教学内容，根据需求和实际情况帮助学生构建出数学现实情境，从而引导学生从数学的角度探索世界，形成解决实际问题的思想意识。例如，在教学中，需要构建最普遍的生活情境帮助学生学习，同时由于教学研究对象的不同需要构建多元化的教学情境，既要有日常生活的情境，又要有不同的专业领域的情境。再创造是该理论最主要的核心特征，意图在教育的过程中让学生通过自己的努力得出相关的结论并进行再创造。在这个过程中，教学内容以多学科交叉的形式呈现，整个学习过程主要通过加强互动来呈现，让学生在主动探究中进行再创造。

弗赖登塔尔指出，数学是实际社会里的抽象性反应及人类经验的常规汇总，数学教育理应是实际化的教育，理应同现实生活相联结，他觉得数学教学不应该只关注数学的逻辑性思维，还需要着重关注数学知识的内部关系，且对数学的外部关系进行密切分析，把教育同现实生活相联结后，才可以让学生从现实生活中发现问题并处理问题。弗赖登塔尔把数学划分成两类，一类是现成的数学，此类数学追求的是数学的结果，忽视了当中数学思维的构建过程及数学的创造过程；另一类是活动创新型的数学，这是数学家在艰难的探索中发现和抽象成数学理论所创造出的数学。他认为，如果传授给学生的是第一类数学，那么会对学生的思维发展有一定的束缚性，束缚学生学习数学，从而导致学生对数学有一定的厌恶心理。创新性数学，则给予学生更多空间，对于发挥其个性意义重大。

二、波利亚解题理论

数学离不开解题，即将未知转化成已知。学数学的目的就是解题。如何快速巧妙地将数学问题解决，各国对此都做了长时间研究，其中美籍匈牙利数学教育家乔治·波利亚（George Polya）做出的贡献最为突出，影响最为广泛。波利亚一生致力于探究如何训练学生的解题能力，并通过自身多年教育经历和实际科学研究先后编写了《怎样解题》《数学与猜想》《数学的发现》等著作，其中《怎样解题》一书被多国翻译印刷。

波利亚撰写的《怎样解题》一书很好地体现了其解题思想，尤其是其通过反复研究，最终凝练出的"怎样解题表"，可以说是对如何更好地理解、把握、最终解决数学问题的最佳答复。波利亚在"怎样解题表"中对数学问题解决提出了"弄清题意、拟定计划、执行计划、回顾"四步走计划，并且对解题者就每一解题步骤提出了具体任务。

（一）弄清题意

弄清题意是解决问题的前提。如果题目都没有读懂甚至把题目读错，自然会对此问题无从下手或是得到一个与此问题毫无相关的错误答案，故读懂题目意思至关重要。那么如何弄清题意呢？我们可以先在心中认真地把题目默读一遍，如果没读懂则可重复默读，在读题的过程中要明确问题问的是什么，题干给出了哪些条件以及知道题目考查哪方面的知识点，不妨在纸上写一写、画一画。大多数的数学问题本身就是用数学语言和数学符号阐述的，我们能够较容易理解其含义，但是对于一些文字较多、难以理解的数学问题，如果有必要的话，则可引入一些数学语言和数学符号来帮助自己更好地理解题目意思。

（二）拟定计划

拟定计划是解决问题的关键，同时也是训练学生数学思维的最佳阶段。当弄清楚题目意思之后，下一步就是开始着手拟定计划了。这个阶段大脑要高速运转，思维要活跃，逐渐形成自己的解题思路。波利亚指出，对于一个给定的数学问题，能否将它正确解答出来，取决于解题者是否能够形成自己的解题思路。解题思路非常关键，一旦形成正确的解题思路，问题就迎刃而解，而解题思路的构思、形成则来自解题者所获得的经验和知识。

他还指出，在拟定计划阶段，就是要找出已知量和未知量之间的关系，此时大脑不能出现思维固化的情况，不能仅仅局限于题干所给的已知量和未知量。我们还应当不停地问自己，根据已知条件，还能得到什么结论？能不能得到与本问题相关的定理或结论？对于不能直接找出已知量与未知量之间的联系的题干，能不能构造辅助问题，由题干中的已知量解出辅助问题，将辅助问题由未知转化为已知，进一步推导出题干中的未知量，从而将问题解决。

（三）执行计划

执行计划是解题者交给"问题"的答卷。执行计划这个阶段相对于拟定计划阶段来说，较为轻松，但亦不可小觑，一旦放松警惕，则计算就有可能出错，甚至会出现书写错误的低级失误。波利亚指出，在执行计划阶段，解题者要有足够的耐心。我们应当珍惜在拟定计划阶段中辛苦得来的解题思路，认真执行好每一个步骤，确保万无一失。在此阶段，可以培养学生的数学运算能力和规范答题习惯。

（四）回顾

知识进一步强化、内化自然离不开回顾。回顾包含两层含义：一是检查，这也是最基本的任务，通过检查，确保问题解决的正确性；二是升华，即学生对本题的一个全面的认识、一个深刻的总结。学生通过问题解答，可以有以下收获：首先，知道该问题所考查的知识点内容；其次，进一步知道该知识点如何应用，它所涉及的问题应如何求解以及出题方向；再次，在此问题解决过程中所采用的思想方法还能用到哪些问题求解上，并应做好归纳梳理；最后，回顾也是知识再现的过程，孔子云"温故而知新"，学生在回顾知识的过程中，很有可能产生新的灵感和思想，产生另一种解题方法并付诸实践。在解题教学中，并不是让学生简单地将问题解出，然后置之不理，而是要让学生学会如何解题。学生往往是匆忙地为了解题而解题，并没有完全利用好这个问题，这种学习方式不能使学生有效吸收新课中教师所授的知识内容。

波利亚解题思想融入数学习题课教学中，使得学生有了科学的解题方法，学生能够正确思考问题并解决问题。在学习数学新课时，知识点比较零碎且不成体系，习题课则可有效地将知识点进行融合，让学生对所学知识进行巩固及应用，同时波利亚解题思想也有助于学生对所学知识进行检索并加工。初中数学教学的根本目的是让学生学会思考。一般情况下，学生习惯做一些常规题，而对于稍做改变的题目、短时间内没有思绪的题目，常常放弃或等待同学、教师讲解，随后也不去总结。而将波利亚解题思想融入初中数学习题课中，能够在很大程度上打破这一局面，让学生学会发散思维，从而有效地培养学生独立思考的习惯。

波利亚解题思想融入数学教学中，锻炼了学生自主探索的精神，并且让学生更容易获得知识。学生掌握的知识技能不再是由教师简单灌输获得的，而是学生在主动参与知识的探索中，通过自己发现、探索得到的。这样学生会对知识的理解更加深刻，从而将知识内化成自己的东西，长时间乃至永久储存，而不再是简单、短时间的记忆。

波利亚解题思想指导下的数学教学能够给新课教学带来启发，使得新课教学得到完善，既能让新课讲得好又有利于学生更好地解决问题，这种循环反复、双向促进的教学方式能够达到教学质量螺旋式上升的效果。

三、建构主义学习理论

建构主义学习理论的主要内容包括五个方面：

①建构主义知识观。知识不是固定不变的，学习者主要从自己已有的知识出发来建构新的知识。

②建构主义学习观。学习不是被动地接受知识，而是通过与知识互动来主动建构知识。

③建构主义教学观。教学要促进学生的知识建构，可以采用支架式教学、情境教学和探究学习、合作学习。

④建构主义学生观。每个学生的已有经验不同，对知识的理解也会不同。

⑤建构主义教师观。教师应该把自己看作学生学习的帮助者和合作者。建构主义学习理论内容看似很丰富，其实概括起来也就是一句话，教学要改变传统的教师讲、学生被动接受的状态，强调学生的主动学习和积极探索。

建构主义学习理论强调教学不能脱离学生已有的认知结构，要从学生的已有知识经验出发，构建新的知识。知识并不是简单地从教师身上转移到学生身上，而是要求学生主动参与知识的探索过程，构建出新的知识经验。在构建新知识时，建构主义学习理论提倡通过小组相互沟通、探究、交流，完成新知识的理解和吸收。为了使学生更好地建构新知识，建构主义学习理论强调教师要循序渐进地引导学生掌握知识，引导学生自己找到旧知识与新概念之间的联系，从而获得新知识。教师的任务是为学生提供支架、提供学习材料，新知识的获得是需要学生自己主动构建的，这一过程是任何人所不能替代的。

在建构主义学习理论的相关理念中，学生是学习的主要个体，教师应着重关注学生的积极主动性。学习是学生基于常规的知识进行不断建构理解的过程，而教师在学生的学习认知发展过程中主要是给学生提供"新的刺激"，并帮助学生通过自我调节机制完成从一个平衡向另一个较高的平衡的发展，即通过创设合适的情境，引领学生在探究的过程中不断发现问题、分析问题，从而构建知识体系，且在该过程中逐步培养学生的思维能力。而在认知发展的过程中，建构主义学习理论把人类认知发展分为四大阶段：一个人从出生到两岁视作感知运动发展阶段，两岁到六七岁左右视作前运算阶段，六七岁左右到十一二岁视作具体运算阶段，十一二岁到十四五岁视作形式运算阶段。虽然由于学生个体的差异，导致其认知发展的速度不同，但是所有学生在学习过程中都会经历以上四个阶段。这四个认知发展阶段的转变是不会瞬间完成的，因此，进入初中正处在十一二岁的学生会同时经历具体运算阶段和形式运算阶段的认知活动，而后的学习会逐步完成到形式运算阶段的转变。面对这样关键的转变时期以及逻辑思维和抽象思维的形成时期，在课堂采用生活化教学的方式，能更好地帮助初中生完成这一转变，进而提升数学思维能力。

建构主义学习理论强调学习的主动性、互动性和情境性，学生不是被动的刺激接受者，而是在参与实践活动的过程中信息意义的主动建构者。因此，学生之间需要沟通交流、共同分享才能完成学习任务，同时还可以在情境化的实践活动中理解并掌握知识。另外，为学生提供丰富的活动参与机会，让学生通过观察、动手操作、讨论等具体的实践完善自身对知识的建构，有利于意义建构的深层次发展。

建构主义学习理论对于数学思想渗透具有指导意义，一方面，在数学学习中，学生应该在原有认知和经验的基础上，主动建构新的数学知识，并在此过程中感悟数学思想。在这一过程中，教师只是引导者，不能把知识强行灌输给学生，而应引导学生根据已有的经验，对所学知识进行分析，通过新旧知识对比，对已有的认知进行完善。学生只有充分感悟蕴含在知识和方法背后的数学思想，才能真正理解并掌握数学知识，进而从心理上完成对新内容的建构。另一方面，教师应为学生知识的探索创设情境，在探索过程中给予适当提示，引导学生感悟知识建构过程中的数学思想。建构主义学习理论主要提倡支架式教学和抛锚式教学两种教学模式，这两种教学模式都强调要充分调动学生的主观能动性，注重以学生为主体的探究过程，并且这一过程也是学生感悟数学思想的最佳时期。

建构主义学习理论认为传统的教学模式是有很多缺陷的，传统的、以教师为主体的观点是错误的，教学要强调学生的主体地位。建构主义学习理论指导下的教学模式是要充分发挥学生的主体地位，同时教师辅助学生对所学内容进行综合、重组和改造。建构主义学习理论提出"学生不是空着脑袋走进教室的"，其教学设计有以下几个原则。

①教学以学生为中心，学习是学生主动建构知识的过程。

②教师、家长、社会等各种学习环境要支持学生的自主学习、合作学习。

③推动学习的核心问题是要以日常生活中的、符合学生已有的知识经验为主。

④问题要在真实情境中展开。

⑤学习任务是具有一定复杂性的，要能够意识到这一点；并且外界应提供学习资源、认知工具等内容。

⑥注重非量化的整体评价，反对过分细化的标准参照评价。

⑦要设计不同的自主学习策略。

建构主义学习理论强调学习的主动建构性、社会互动性和学习情境性三方面。学习的主动建构性是指学生能够主动地对已有知识经验进行综合、重组和改造，最终建构出属于自己的知识内容；社会互动性是指学生在学习中采用的学习材料、用具以及环境等都是属于社会的，是集体经验的积累；学习情境性是指学生学习的知识要通过实际应用才能被真正理解，进而构建出属于个人意义的知识内容。

四、情境认知学习理论

20世纪80年代以来，情境认知学习理论开始对"学什么"和"如何学""如何用"的分离状态提出了挑战。该理论不是把知识作为心理内部的表征，而是把知识视为个人和社会或物理情境之间联系的属性以及互动的产物，认为思维和学习只有在特定的情境中才会有意义。在特定情境中获得的知识要比所谓的一般情况下获得的知识更加有效。情境认知学习理论认为，学习不仅是为了获得一大堆事实性的知识，同时还要求学习者参与真正的文化实践。知识如同生活中的工具，学习者只有通过对它的理解和使用以及与经验的不断相互作用，才能在不同情境中进行知识的"意义协商"。

情境认知学习理论启示我们应将各种情境纳入教育的视野，其具体特征可以从以下三方面进行说明。

①基于情境的行动。情境认知学习理论认为，人类活动是复杂的，包括社会、物理和认知的因素。人们不是根据内心关于世界的符号表征而行动的，而是通过与环境直接接触和互动来决定自身行动的。在这种基于情境的行动中，隐含在人的行动模式和处理事件的情感中的默会知识将在人与情境的互动中发挥作用。同时，实践者要经常对情境进行反思。不同领域的实践都存在着情境行动与行动中的反思相互交替的现象。情境学习的支持者倡导以两种途径学习知识与技能：一是重视一般技能的教授，使之能迁移到多种情境中去；二是强调在应用情境中教授知识与技能，强调知识必须在一定的背景中学习。这种背景可以是真实工作环境、真实工作环境的高度模拟替代和抛锚背景。

②合法的边缘性参与。关于情境学习，人类学家从人类学的认识角度进行了深入探讨，提出了情境学习是合法的边缘性参与，这里的合法是指随着时间的推移与学习者经验的增加，学习者合法使用共同体资源的程度；边缘性是指学习者在实践共同体中对有价值活动的参与程度和成为核心成员的差距程度。从本质上看，合法的边缘性参与描述了一个新手成长为某一实践共同体核心成员的历程。因此，学习实质上是一个文化适应与获得特定的实践共同体成员身份的过程。

③实践共同体的建构。情境学习将社会性交互作用视作情境学习的重要组成部分。由此形成一个统一的概念，这就是实践共同体。该概念既强调学习是通过参与有目的的模仿活动而建构的，同时它也同样强调实践与共同体的重要性。该概念的提出表明，在情境认知中知识被视为行动与成功的实践能力，学习可被理解为一种结果，也可被看作一种提高对共同体验的情境的参与能力。

情境认知学习理论在教学上的应用是以问题情境为导向的教学，它的核心是从富有挑战性的主题出发，以学生周围的环境为介质，促进学生的情境认知与情境学习。情境教学的关键是设置高质量的问题情境，教师要鼓励学生用数学的思维对设置的教学情境进行观察分析、敢于质疑提问。问题情境教学的重点是对发现的数学问题进行猜想探究，进而准确地提出有意义的数学问题。问题情境教学的核心是学生能运用数学知识分析和解决数学问题，全面提升学生的问题解决能力，培养学生的问题意识和创新精神，发展学生的数学核心素养。学生学习数学的实质是以质疑提问、自主学习为核心的数学素养提升的过程。在情境认知学习理论下的问题情境教学过程中，需要注意以下三方面的问题。

第一，情境的创设。情境的创设要凸显数学教学内容的本质，贴近学习者的现实生活，易为学习者理解与接受。

第二，嵌入情境的学习主题（任务）。嵌入情境的学习主题要符合学生最近发展区的要求，具有一定挑战性的学习主题对学生综合能力的要求比较高，学生在问题解决的过程中需要调用已有的知识技能，使新知识的获得建立在原有的认知基础之上，从而使获得的新知识更具整合性，学生的思维能力和问题解决能力也能得到很好的发展。

第三，教师和学生的角色定位。学生是学习的主体，教学的目的是通过情境呈现、问题引领，使学生能够通过对情境的感知和问题的思考，自主地构建情境认知，获得数学知识和技能。但由于初中学生的认知结构发展尚未完成，数学知识技能积累不足，导致在数学学习过程中会遇到一些障碍，数学教师的引导和启发在这个时候就显得尤为关键，合理的引导和适时的启发有助于学生知识的获取和能力的提升。

在实际教学中，要创设以学生的知识经验和实际生活为基础的有效情境，以促使教学效果达到最佳状态，这对在初中数学课堂中实施情境教学有一定的启示。在数学教学中，教师要通过创设有意义的问题情境激发学生学习数学的兴趣，数学问题的提出与解决是相辅相成、相互引发的。在问题解决和知识应用的过程中，已经解决的问题可以作为提出新问题的情境，同时知识应用过程中形成的成果也可作为产生新问题的情境。这是一种不断循环的问题情境教学，是教学过程中培养学生创新意识和问题解决能力的良好途径。

五、最近发展区理论

最近发展区定义为实际的发展水平与潜在的发展水平之间的差距，最近发展区理论认为学生的发展有两种水平：一种是学生的现有层次水平，不借助外界帮助，独立活动时所能达到的解决问题的能力水平；另一种是学生有可能发展到的层次水平，也就是在外界指导下所爆发的学习潜力。

因此，教师在确定教学任务时应围绕学生的最近发展区设定难度适中的目标，即需要学生努力但是"跳一跳、摘得到"的，过于简单的或者过于难的任务都是不恰当的。教学目标对学生而言既要有一定的挑战性，又是可以完成的，这样对增强学生的自信、激发学生探究的积极性有一定的促进作用。这为初中数学教学设计提供了重要思路。

六、人本主义学习理论

人本主义学习理论强调学生应全身心投入学习当中，并且是自发的，而不是强制性的，学生还应在学习之后对自己的学习情况进行总结。它提出教师要间接地、慢慢诱导学生自己去得到答案，而不是直接告诉、直接灌输。人本主义学习理论认为教师应该给学生制造学习氛围，在整个学习过程中，教师都是为学生更好地自主学习而服务的，整个教学都是围绕学生进行的。为了使学生的学习是有意义的学习，反对以教师为中心、教师就是权威的观点，认为教师与学生是好朋友的关系，并对教师的态度、品质提出了四点要求：一是相信学生，不能对学生失去耐心，一味地否定和打击学生；二是以真诚的态度对待学生；三是重视学生的意见；四是为学生着想。

人本主义学习理论更加注重学生在学习过程中以自我发展为核心产生对知识的构建。与建构主义学习理论不同的是，人本主义学习理论更关注人的发展，注重学生的自我、情感和创造潜能的发展。人本主义学习理论认为每个学生都有无限的潜能，而教育的本质就是对于学生潜力的发掘，在这个过程中教师要重视学生之间的差异性，根据学生的认知水平、学习兴趣、学习风格等提供教学条件和教学指导，让每一个学生都能够通过学习意识到自己的能力和价值。与建构主义学习理论相同的是二者都强调创新，建构主义学习理论的创新是指将新知识和已有经验重构内化的创造过程，人本主义学习理论指的是学生具有创造的能力，这种能力可以通过恰当的教学被激发出来。在整个学习和教学中，人本主义学习理论认为情感是影响学生学习行为的内部动机，学生对于学习的参与程度、认知能力、行为兴趣都受情感因素的影响，反之学习环境、学习方式、学习内容也会影响学生的内驱情感。因此，在教学中要注重教学情境的建设，引导、推动学生进行自主学习，在学习中自主探索，促进学生全面发展。

为了促进学生的全面发展，落实教育部立德树人的总要求，我国的基础教育中要求不但要培养具有知识水平的人，还要培养能够适应社会发展所需的重要品格和能力的人，并在数学教学中提出要培养相应的数学核心素养的要求。核心素养是在学科知识的教学过程中，借助教学环境、教学设计、教学策略等发挥学生在学习中的主观能动性，并通过对知识的探究而逐步发展形成的。初中数学教学应建立能够让学生进行自主探究数学问题的"数学实验室"，充分调动学生学习的主观能动性，让学生主动构建知识框架，探索数学知识，促进其核心素养的发展。

第三节 初中数学教学的基本原则

一、整体性原则

初中数学教材中每章的知识是相对独立的，而章节内部的知识之间却有着千丝万缕的联系。因此单元教学是以章为单元进行教学设计的，在对本章的知识进行梳理时要充分考虑学生的认知情况，明确单元内容的作用、课程标准要求以及核心素养要求，这样才能在传授给学生知识的过程中做好衔接，围绕总体目标完成课时教学设计。

一方面，教师要通读教材中所有章节的内容，理解每章知识点的主要构成，分析学生已经学过的相关知识，找准认知起点，并查阅中考对每章知识的考查情况，重视易考点、易错点的突破。

另一方面，教师应结合课程标准要求罗列出学生应达到的具体学习目标和应掌握的数学思想方法和能力，设置预期标准，让教师和学生有共同努力的方向。最关键的是在教学设计中应体现出如何融入数学核心素养的思想，教师要思考核心素养对知识的要求，以及学生在每个知识点的学习上能培养哪一类数学素养，进而指导具体教学细节和活动的展开，促进学生核心素养的提升。明确了这些具体要求后，教师在整体把握教学目标时思路会更清晰，对重难点知识也一目了然，有利于快速对章节知识进行分类，为后面整合教材内容打下基础。

二、合理再建构原则

教学材料再建构就是对各种教学材料主要是教材进行重新加工建构再利用。通常以三种形式完成教学材料再建构：一是学生自主建构知识体系；二是教师在备课时独立建构高于教材的教学材料；三是师生共同完善建构。在数学教学设计中的再建构指的是教师独立进行建构。叶圣陶先生曾说过："教材只能作为教课的材料，要教得好，使学生受益，还要靠教师善于运用。"因此教师应以《义务教育数学课程标准（2022年版）》为基准，灵活选择教材内容，并对其进行创造性改变，弥补原始教材编排的不足，让学生感受到数学学习的价值。具体操作时，教师先要厘清教材原本的内容布局，每节的知识点有哪些，在保证课程内容不变的前提下，再根据学生认知特点、教学实际和每节内容的关联性，将内容整合为几个模块，并画出知识框架图，附上教材原本的课时安排和教材建构之后的课时安排，为下一步模块教学设计做好铺垫。

三、模块化原则

模块化最早出现在信息技术领域，大大降低了当时的生产成本，灵活满足了多功能的需求，并在之后广泛应用于其他领域。而将教学内容模块化是把学习方式相同、内在逻辑联系密切的相关内容整合为一个个模块，可以是单独的一节为一个模块，也可以是几节合为一个模块，模块与模块之间具有独立性和衔接性。

分模块的教学设计仍然要对模块内容进行解读，教师首先要分析本模块的主要内容和重要程度，模块内部知识之间的关联性，同时对整个模块采用的教学方法要有大致的思路，从而形成一个知识链，画出模块知识结构图，便于后面实施具体教学。其次要突出模块教学目标，这是教与学的中心支柱，教师要从"四基"出发，考虑本模块系统下学生应掌握的基础知识、基本技能、基本思想方法和基本活动经验，并始终贯穿培养学生的核心素养。最后还要对该模块教学做充分预设，思考学生目前知识储备中的欠缺，提出教学建议并针对重难点提出解决方法，通过设置活动和引导，灵活处理教学中的生成问题，并为下一步模块教学案例的设计提供理论支撑。

四、主题性原则

初中数学单元整体教学内容的划分主要有以下几类。第一类是以重要的数学概念或者核心数学知识为主线组织的主题类单元，此类单元可以是课本中的一个单元，也可以是跨章节的单元，通常以知识与知识之间的逻辑关系为主线，将关联内容串在一起，层层递进，也可称之为"线串式单元"。第二类是以数学思想方法为主线组织的方法类单元，此类单元的知识内容选择往往有一个或几个共同的数学思想或数学方法，如数形结合、数学建模、化曲为直、整体代入等，在同一个数学思想方法的指导下，某些数学章节内容的学习可以采用类比的方式举一反三地教学，由简入繁、由浅至深，这样能有效地起到巩固的作用。第三类是以数学核心素养、基本能力为主线的素养类单元，此类单元要求教师有一定的专业素养和教学经验积累，可根据教师对学生的把控能力及对教材的驾驭能力或大或小地划分单元；同时这类单元还要求教师以某一个数学核心素养为主线整合教学内容并组织教学，初步形成知识之间的相互联系，其根本目的仍然是在教学中渗透核心素养、发展核心素养。第四类是以知识的逻辑结构和内在联系为主线组织的结构类单元。例如，在初中数学几何内容的学习中，首先，了解到"点动成线、线动成面、面动成体"这一客观规律；其次，在直线的基础上探究平行线的性质及判定；再次，在平行线的基础上探讨平行四边形的性质及判定；最后，在平行四边形的基础上探究特殊的平行四边形，如矩形、菱形、正方形等的性质，这中间的每一个知识点都是前后呼应的，并且环环相扣。教师通过系统地整理课本内容再教学，可使学生更清晰、更系统地建立知识结构体系。但无论是哪一种，都强调要以一个鲜明的、明确的主题为单元整体教学的主线，更好地帮助教师从宏观的角度进行教学设计，明确各部分知识点之间的内在联系，从而取得单元整体教学"总—分—总"的学习效果。

五、情境性原则

众所周知，数学是一门抽象的学科，对学生而言更是一门晦涩难懂的学科，因此在进行数学学科的课堂教学时应从学生身边的生活实例引入，创设问题情境，以问题串的形式引导学生思考，同时对于教学过程中的重难点，可以不断对学生进行追问，达到激发学生数学思考的目的。在学生的正常认知范围内创设情境，布置思维最近发展区内的学习任务，适当设置学习障碍，铺设知识学习的阶梯，让学生在保持学习热情的同时能理解数学知识、学会数学思考并应用数学的方法解决问题。

六、生长性原则

根据建构主义理论，我们知道知识是不断生长的，知识之间是相互联系的，知识是在实践中积累获得的，新知识是在旧知识的基础上产生的。而数学知识的产生符合生长性原则，数学的知识点不是彼此孤立的，而是环环相扣、相辅相成的，没有前期的知识做铺垫就无法转化形成新的知识。因此教师在数学教学过程中应注重知识的产生以及知识与知识之间的相互联系，使每个学生都能在自主探究、独立实践、互助合作中自主获得知识并构建知识体系。

七、过程性原则

数学教学强调重视数学知识的产生发展过程以及学生的数学学习过程。这要求教师在进行教学时，应着重思考数学知识结构的建立发展过程、数学基本概念的产生过程、用数学知识解决问题的思路探究过程、对重要数学思想方法的归纳总结过程。在设计数学教学整体思路时，应遵循从具体到抽象、从特殊到一般、从部分到整体的知识形成过程性原则，明确课堂主导路线，并围绕该路线确定学生"观察—发现—类比—猜想—归纳—概括—应用"的具体过程，使学生在数学课堂中高度参与，经历完整的数学思维发展过程。

八、以学生为主体原则

初中数学具有较强的抽象性，单凭教师的"灌输式"讲授不能将知识转化为学生自己的成果，所以单元教学设计应遵循以学生为主体的原则，调动每个学生学习的参与性和积极性。让学生独立自学、群体讨论，教师适时引导，这样既培养了学生的阅读理解能力，也节省了教学时间，对难点的突破也更有针对性。

在设计模块教学案例时，教师以"自学、讨论、引导"为核心，并从学情出发对这三个环节进行改良，将教学过程分为自主学习、交流分享、引导提升、归纳总结、达标反馈五个环节，其中前三个环节分别对应自学、讨论、引导。

在自主学习环节，应以学生的认知和兴趣为起点，要么复习本节课内容的基础旧知识，自然引出新知的学习；要么创设学生熟悉的情境，引发认知冲突，从而过渡到新知的探索。教师要围绕教学目标仔细思考如何设置问题，让学生带着问题独立阅读教材，并从中找出问题的答案。

在交流分享环节，教师鼓励学生分享自主学习后的收获，展示不同学生对前面所提问题的理解，并相互补充，师生共同纠正。教师要精选简单而典型的练习，通过小组讨论的形式，激发学生表达的欲望，实现"人人参与"，初步考查学生对概念和方法的掌握情况。在讨论中，学生更能集中注意力，并在与他人的讨论切磋中了解到不同的看法，从而拓宽自己的思维，完善对新知的认识。

在引导提升环节，通常设置基本题目的变式或是多个知识点融合的综合题目，问题或练习的设置难度会整体高于上一环节，重在提升学生对知识的本质认识，考查学生对知识的灵活运用能力，在这个环节学生更容易暴露出在自学和讨论环节中没弄懂的疑惑，此时教师的点拨显得必要且恰到好处。

上述三个环节相辅相成是整个课堂的核心，并且对数学教学的成败起着决定性作用。

九、多元评价原则

评价是教学设计中不可缺少的一步，然而单一的教学评价仅能从某个角度反馈学生的知识掌握情况，因此需要通过不同方式评价学生，这样教师才可全面掌握学生的学习效率，为下一课时的设计提供优化策略。一味丢给学生难题只能增加学生负担，评价结果也不尽如人意，因此教师应善于捕捉学生的特点，如表达能力薄弱的学生也许解题能力强，计算能力差的学生可能逻辑思维能力强等。从多角度评价学生的学习效果，学生既能展示优点、增强自信心，也能发现不足、积极寻找弥补措施。

在数学教学中，每个课时应包含归纳总结和达标反馈两个环节：通过归纳总结，使学生对本节课所学的知识和方法进行梳理，这样能够充分检验学生的记忆力、表达能力和知识归纳能力；通过达标反馈，能够了解学生单节课程的学习是否达成了预期的教学目标，便于从中发现问题、查漏补缺。章节内容设计完后，应有一个"单元自主评估"测试，时间大概40分钟，分值100分，练习能够快速检测出学生知识的易错点和难点，为最后单元复习课的设计指明方向，重点强化学生知识的误区和盲区。同时，自主评估逐渐培养了学生自我评价的能力，并提高了其判断力。不同形式的评价可使学生在"动脑、动口、动手"中实现自我提升，进而让整个单元教学设计富有灵魂，呈现出完整高效的结构。

十、数形结合原则

数学研究的两个最基本的对象：一是"数"，二是"形"。数形结合是一种极富数学特点的信息转换，在整个数学的学习和运用中，总是用"数"的抽象性质说明"形"的事实，与此同时，又用"形"的性质来说明"数"的事实。

数形结合思想大都出现在一些经典例题、中考例题、常考易混易错题中。因此在利用数形结合思想解决问题时，要遵循以下原则。

①等价性原则。几何性质与代数性质的转换是等价的。数学能力的最好体现方式是能把抽象的数式信息转换为直观的形象信息，而数学素质的最好体现就是能同时保持这种信息转化的等价性。

②双向性原则。在分析解析几何的题时，要能在分析直观图形时进行抽象代数的刻画，"数"与"形"同时进行探索，充分发挥双重优越性。

③简单性原则。在解决问题时，代数方法、几何方法或者两者结合的方法，哪种方法解决问题更简单、便捷、优美或便于达到教学目的就用哪个方法。

④规范性原则。必须在几何作图的画图规定内绘制图形。

⑤准确性原则。构造或绘制的图形必须可以准确地反映已知条件中的数量关系和位置关系。

⑥完整性原则。构造或绘制的图形应具有普遍性和完整性。

⑦直观性原则。构造或绘制的图形能直观地、清楚地反映出主要的线面数量关系和位置关系。

数形结合教学要遵循以下原则。

①渗透性原则。在教学中不直接指出数学思想方法，而是在教学的过程中不知不觉地慢慢渗透，引导学生领会数学思想方法。

②反复性原则。数形结合思想比较抽象，具有一定的逻辑思维，所以在教学的过程中要经历从数到形、从形到数的反复练习和反复渗透。

③系统性原则。对于散落分布在教科书中的数形结合的相关知识点要有整体、系统的认识，归纳并总结涉及的思想方法。

④明确性原则。初中很多内容都涉及数形结合的思想方法，但在任何资料、课程标准或教科书中都没有对其有一个明确的定义，这就需要教师在教学过程中把数形结合思想落实到位，明确在何时、什么知识点、以何种方式渗透数形结合的思想。在教学过程中必须遵循"数与形对应、形与数相同"的原则。如果违反了这一原则，常常会陷入数形结合的图形失真、以偏概全、逻辑循环、无中生有等误区中。

总之，不管是在利用数形结合思想解决问题时还是利用数形结合教学时，我们都需要遵循其原则，在原则的规范下，才能更好地理解、渗透、运用数形结合思想，从而提高自身的数学能力。数形结合思想在教学中有很多应用，作为一种思想，集中体现在数学知识、概念、定理等教学中；作为一种方法，在解决问题、练习过程和课后辅导过程中的渗透主要体现在以数析形、以形解数、数形结合三个方面。教师在教学的过程中，要树立数形结合思想渗透的观念，以教学内容为主，以学生为主体，最终落实到数形结合思想上来。

在数学教学中，有效的数形结合教学策略对学生的数学学习效果有着积极的影响。教学要遵循儿童的认知发展规律，要注重数与形的有机结合，让学生感受到数与形之间的联系。作为一种数学思想方法，理解并掌握这种思想方法有以下几点策略：第一，从丰富的、生动的数学活动中获取经验，体验数学思想；第二，在探究数学知识的过程中领悟数学思想；第三，在运用数学方法解决问题的过程中升华数学思想；第四，在发展数学思想的过程中完善数学思想。数形结合思想的教学不是一蹴而就的，它需要在长期的教学过程中慢慢体验，在实际教学中，教师要有意识地注重这种思想方法的教学，然后要让数形结合处处常在、时时常用、数与形要永远联系。教师要根据学生学习的心理需求、薄弱点以及对数与形的不同偏好进行分层教学，教师要充分挖掘教科书中数形结合的知识点，教会学生使用数形结合思想解决数学问题。数形结合教学的策略最终还是要聚焦于学习的可视化，而数形结合教学可视化的策略就是让概念、算理、数理、规律、过程、思路、策略可视化。

十一、生活化原则

无论是《义务教育数学课程标准（2022年版）》相关要求，还是教材的编写设计，抑或是学生的认知属性，都需要初中教师在课堂教学中把教学内容同现实生活联结起来，通过生活化的数学教学模式，充分引领学生学习相关知识、学习生活经验，而后养成正确的数学观。

要深化初中教师对数学教学生活化的认识。根据《义务教育数学课程标准（2022年版）》的要求，教师在课堂中是学生的引导者，要想实现初中数学教学生活化，那么教师就应该努力学习数学教学生活化的相关理论知识，深刻认识到数学教学生活化的含义，明确数学教学生活化不仅包括将抽象的数学知识在实际生活中具体化，实现一般方法到特殊场景运用的"数学到生活"这一部分，还应该包括从日常生活实践中发现数学，从生活经验中归纳方法的"生活到数学"这一部分。数学和生活之间的联系从来就不是单项的，而是相互影响的。教师要从思想上转变教育观念，明确学生的学习过程远比结果更加重要。课堂教学要不断改变常规固化的教学方式，在常规教学经验的前提下结合学生现有的认识水准，从日常生活中学生的生活经验和已经具备的知识水平出发，用生活化的教学理念指导课堂教学。教师要明确，数学教学生活化不只是为了增加数学课的课堂气氛和课堂趣味，而是让学生能够将数学知识与生活实际建立联系，让数学教学不脱离实际。因此，在创设生活情境时，不仅要有明显包含数学元素的实际应用类数学题，让学生利用已有数学知识建立模型解决问题；还要有学生生活中常出现的事物、现象和活动，让学生能够在生活中的具体事物中感受到数学的影子，引导学生从生活的现象中抽象出数学问题，并在带领学生探究的过程中，找到一般的数学规律，积累数学活动经验，在原有知识结构的基础上构建新的知识。

强化学生的"生活化"理念。初中学生在进入初中前已经完成了六年的小学数学学习，在这六年的数学学习过程中，几乎每一个学生对于数学的学习都有自己的一套方法和理念，可以说在进入初中后，学生所形成的这种学习方法和理念对初中数学的学习是有极大影响的，但在其中有相当一部分方法对于更为抽象且重视逻辑推理、计算的数学学习来说并不合适，这就使得初中阶段很多学生开始对数学的学习感到力不从心，逐步产生自我怀疑、恐惧和厌倦的情绪，要想改变这一现象，就需要教师帮助引导学生培养、强化生活化学习的理念。例如，首先从教师开始，在每节数学课前，分享一个生活场景，带领学生寻找其中蕴含的数学知识；其次教师根据学生近期所学的知识分享生活场景，由学生自己寻找其中蕴含的数学知识，教师带领学生体会数学知识在其中的价值；再次由学生分享自己发现的蕴含数学元素的场景，其他同学寻找其中的数学知识，并感受数学知识在其中的价值，逐步在分享中将生活化理念渗透给学生，学生正确认识数学同生活的联系，在遇到难以理解的数学知识时能够主动利用生活经验和已有认知帮助理解数学知识；最后学生要养成用数学的眼光去看待生活中的各种事物，用数学知识去处理相关问题，增强其学习数学的兴趣及自信心。

做好生活化的数学教学和逻辑教学的相互结合。在很长一段时间，为了强调对学生数学逻辑能力的培养，我国数学教学同实际生活相脱离，这就导致学生在数学学习的过程中会有乏味的情况出现，也导致课堂教学效果相对较差。生活化的数学教学同逻辑数学相结合，既能够激发学生的学习兴趣，也可以在生活数学化中不断提高学生的归纳能力，在数学与生活的联系和相互作用中不断提高学生的学习能力，让学生能够在归纳和演绎两种能力的运用中独立思考，更好地认识新的事物。教师在教学过程中可以通过生活情境的建立，让学生通过梳理其中的数学元素提出数学问题，并通过观察归纳发现数学事实，建立数学模型，这个将现实问题转化成数学模型的过程，实质上就是从具体事物到数学抽象的转变，就是从特殊到一般的归纳能力的体现。而很多生活实践中出现的问题需要我们利用数学知识解决，即数学教材中常出现的实际应用类问题，要解决这类问题就需要教师引导学生将抽象的数学知识模型在现实问题中具体化，这是从一般到特殊的演绎能力的表现。逻辑教学与生活化的数学教学相结合，不仅可以增强学生学习数学的体验感，还有利于帮助学生构建新的数学知识结构，提高学生的数学学习能力。

第四节　初中数学教学的功能意义

一、助力学生快速转变思维方式

数学思想蕴含在整个数学知识体系中，是数学学科的精髓所在，对数学思想教学的研究有助于中小学数学教学的有效衔接。初中数学与小学数学之间存在一定的区别，初中数学更强调抽象性，而刚升入初中的学生还是以形象思维为主，教学内容的跨度和思维过渡的不连贯导致学生学习上出现脱节的情况。数学思想连接着数学知识的学习与应用，是学生学习数学的关键。因此，为了帮助学生快速适应小升初的知识跨度，教师应将数学思想融合到课堂教学中，给学生创设知识探索的环境，启发学生感悟数学思想，提高学生用数学思想发现、分析、解决问题的能力。在初中数学教学中渗透数学思想的策略，有助于教师做好中小学数学教学的有效衔接，帮助学生快速实现思维上的转变，适应升入初中后数学知识的跨度。

二、提高学生的数学核心素养

教师教育活动的基本环节从低到高排列为"课时教学—单元教学—学科核心素养—人的全面核心素养"，这个递进关系揭示了人的全面核心素养的建构逻辑，由此可见，数学教学是支撑数学学科核心素养的"支柱"。

初中数学教学有助于学生构建牢固的知识网络，突出数学中的核心知识和基本思想，实现内化与迁移，进而提高学生的数学核心素养。例如，用单元教学法探究反比例函数的图像时，采用了从特殊到一般的思想，教师从学生举出的函数解析式中挑选了具有代表性的两个函数 $y = \dfrac{6}{x}$ 和 $y = -\dfrac{6}{x}$ 来画图研究，当发现学生在黑板上画错时，教师没有立即指出他的问题，而是先让学生观察之后，聆听学生的发言。当学生不能准确表述图像为何不能穿过坐标轴时，教师提问："反比例函数图像会和一次函数、二次函数一样是连续的吗"？此时学生就容易受到启发，联想到熟悉的一次函数、二次函数的自变量取全体实数，而反比例函数中 $x \neq 0$ 的图像是不连续而是断开的，接着又从函数变化趋势上产生疑问，在"生疑—分享—解疑—完善"的过程中，学生最终画出正确的函数图像，并归纳出一般的结论。适当的迁移引疑，不仅加深了学生对知识本质的理解，也从中强化了学生对数学的直观想象和抽象能力。学生经历了"用数学的眼光观察世界，用数学的思维分析世界，用数学的语言表达世界"的过程，便能在日积月累的渗透中提升数学核心素养。

三、提升教师的数学专业素养

从教师的角度出发，教学设计是备课过程中必须完成的任务，设计的质量直接影响着上课的效果，同时也体现出教师专业水平的高低，因此精心准备教学设计是上好一堂课的前提条件。

在实际教学中，分课时教学设计的参考案例很多，教师可灵活选用部分素材到自己的设计中，减少备课时间，但是这样的教学设计会逐渐限制教师的思维，按照教材上一节一节的内容备课，难以从整体的角度把握教学内容，教师在梳理教学思路时"只见树木，不见森林"，对教材的挖掘仅仅停留在表面。如果从单元整体的角度出发，先对整个章节内容有一个宏观的认识，并打破教材固定编排的限制，重新整合为新的章节进行单元教学设计，教师就能加深对教材的理解，提高对数学知识的架构能力，进而提升数学专业素养。

初中数学教学有助于教师更加深刻地理解数学思想的内涵及作用，并提升自身的专业素养。教师要提升自身的专业素养，除了要具备扎实的数学专业基础，还要对学科知识有全面的认知，特别是学科体系中的数学核心思想，要明白知识的前因后果，认识到数学知识的重要性。教师只有知识储备足够丰富，对教学方式把握得当，才能在教学中有的放矢，有效渗透数学思想，从而使自己的专业素养得到进一步提升。

此外，要完成优秀的单元教学设计，教师首先要有整合教材内容的能力，这种能力是在长期思考和实践中逐渐形成的。整合之后，教师对单元教学目标、重难点的把握会更到位，对学生学习效果的评价也会更加全面，也就是说教学设计有助于锻炼教师的归纳能力和评价能力，增强其创新意识，使其专业素养得到大幅度提升。

四、实现数学教学的有效性

初中数学教学能同时提升教师和学生的数学素养，自然就有利于数学教学的有效实施。数学教材内容都是以单节方式呈现的，包括课例和参考资料，这些原素材不能直接用于单元课堂教学的实施，教师也没办法临时对教材进行重组利用，因此提前进行教学设计是保障课堂有效教学的关键。如果说课堂是教学效果呈现的舞台，教学设计就相当于中央的领舞者，是全场的焦点，影响着整个舞蹈的质量。准备好了教学设计，教师有了充分的预设，在课堂教学中遇到学生提出的问题时也就更加得心应手。

由于数学学科本身的特点，知识之间相互联系、呈现螺旋式编排，因此在进行教学时要直观地突出核心知识。核心知识的作用和思想方法要适合学生的学情，同时教学形式、教学任务和教学策略也要发生变化，这样更利于学生掌握知识和方法，提高课堂效率，实现单元教学的有效性。例如，在进行有理数的加减法教学时，若我们把有理数加法和减法分为两个课时教学，无形中加法和减法被割裂开，学生分别学习了两个运算法则，但时间上的差异导致学生对减法法则稍显生疏、加法法则掌握得更好。若我们用一节课完成有理数加减法的教学，学生就会感受到减法可以转化为加法，核心知识就是统一为有理数加法进行运算，教师再根据教学目标的完成情况，设计下一节课的练习巩固方案。第二课时教学时学生不断感受"先确定符号，再确定绝对值"的练习经验，体会了从特殊到一般的核心思想，从中形成符号意识，提高了运算能力。这说明数学教学的"知识系统性"能够帮助教师完善数学教学，提高数学教学的有效性。

第二章　初中数学教学现状

初中数学是整个数学教育中承上启下的重要阶段，是小学数学的延伸，也是高中数学的基础。在教学过程中，让学生充分获取知识，并能运用是每位数学教师要去解决的问题。尽管初中数学教师的专业素质过硬，知识点与题型都摸得很透，但是在传授给学生时，仍有部分学生无法高效率地获取，甚至要花更多的时间去巩固知识点，最后事倍功半。初中数学新课程改革要求初中数学教学应树立正确的师生观，创建和谐的师生关系，教会学生认识自我，培养初中生自主学习的能力。本章分为初中数学教学存在的问题、影响初中数学教学的因素两个部分。

第一节　初中数学教学存在的问题

一、教师方面的问题

（一）师生互动管理不足

课堂学习是教师的教和学生的学相互作用的结果，强调教学要以学生的学为中心，将教师的教融入学生的学中，真正实现教为学服务。也就是说真正意义上的课堂深度学习是建立在良好的教学主体互动关系基础上的。

学生是学习的主体，教师应引导、促进学生学习活动的自主参与和体验。如使学生自主体验知识的发现、生成、应用、分析与解决过程，体验知识在具体活动或实际生活情境中的应用和价值，体验观察、思考、猜想、推理、验证、探索等认知投入过程，体验高阶思维和复杂问题解决的过程，体验自主探究、合作交流、分享讨论等多种形式的课堂学习活动。教师是教学的主体，要求教师要做好教学的组织者、引导者和参与者。例如，教师可根据学生现有的能力水平或最近发展区，通过创设不同的任务目标、活动情境和教学内容，并运用多种形式的教学策略促进学生积极参与学习活动，给予学生自主探索知识和问题解决的机会，要通过观察、倾听获得学生的学习情况的反馈信息，在学生遇到学习困难或障碍时及时给予点拨指导或通过改进教学方式或教学策略提升学生的学习效能，强化学生的学习参与；教师还要与学生开展平等的互动交流，这就需要教师要自然地融入学生集体中，成为学生学习交流与讨论中的一员。师生只有明确各自在教学中的角色，才能够实现良好的教学互动，促进学生的深度学习。

在教学中，教师要处理好讲授与学生自主学习的关系，注重启发学生积极思考，发扬教学民主，当好学生数学学习活动的组织者、引导者、合作者。然而在实际教学中教师由传统的"一讲到底"变为"一问到底"，学生仍然在教师的牵制下按教师设计好的问题亦步亦趋地被动学习。其根本原因是教师传统观念根深蒂固，固有的习惯很难改变，总觉得有些地方不讲不行，怕学生不理解，本来提出一个问题就完全可以让学生有话可说，可教师却把它割裂成几个简单问题，一问一答，让学生跟着教师走。

在初中数学教学中，教师主要是通过提问引导的方式来促进师生互动，提问多是以师问生答的形式进行。此外，学生较少主动回答问题，教师主要通过点名的方式来促使学生参与问题回答。从学生的学习参与表现来看，学生仍然处于被动参与学习的状态。从师生问答来看，提问总是由教师发起，教师占据较多的话语权，这在一定程度上反映了师生互动中的不平等现象，而且教师较多地提问引导不利于学生的主动参与，尤其会对学生形成分析和解决问题的整体思维产生不利影响。此外，在教学过程中存在教师部分替代学生学习行为的现象，如在学生自主或合作探究后，教师以直接评讲替代学生的分析讲解行为，这在一定程度上剥夺了学生思维表达、分享交流、评价反思等课堂参与的机会，容易造成学生过度依赖教师的讲解与引导的后果，不利于调动学生学习参与的积极性。

（二）不能关注全体学生

《义务教育数学课程标准（2022年版）》强调在教学中，要"凸显学生主体地位，关注学生个性化、多样化的学习和发展需求"，使得人人都能获得良好的数学教育，让不同的人在数学上得到不同的发展，即要面向全体学生，也要及时了解并尊重学生的个体差异。对学习有困难的学生，教师要给予及时的关注与帮助，鼓励学生主动参与数学学习活动，要及时肯定他们的点滴进步，耐心地引导他们分析产生困难或错误的原因，并鼓励他们自己去改正错误，从而增强其学习数学的兴趣和信心。

然而，课堂上教师的目光更多的是投向那些学习成绩较好的学生，学困生则容易被忽视，不能真正调动学困生的学习积极性。学生参与课堂教学是有效教学的前提，教学中教师必须面向全体学生，关注不同层次的学生，充分调动学生的学习积极性，使不同层次的学生都能参与到教学中来。

目前，初中数学开展差异化教学时的困惑是在课堂教学活动中，教师该如何把控对不同层次学生的关注度，课堂任务和课后任务的分层又该如何设计使效果最佳，当前在这两个方面教师的做法几乎是趋于形式化的，尤其是在练习和作业上的分层，简单地把课后习题分前几道、后几道，在习题课上又挨个讲解。课堂练习与作业的设计必须满足个体的差异性，让学生在课上和课后都能够得到及时的巩固练习，并且要针对各层次学生的能力水平来设计相同数量、不同内容的习题。差异化教学对教师的要求较高，但认真开展差异化教学十分有利于教师教学水平的提高与发展。

（三）关注知识获得而忽视学习方式转变

在教学中要设计必要的数学活动，让学生通过观察、实验、猜测、推理、反思等过程，感悟知识的形成和应用过程。恰当地让学生经历这样的过程，对于他们理解数学知识与方法、形成良好的数学思维习惯、增强应用意识、提高解决问题的能力都有着重要的作用。在教学中展现"知识背景—知识形成—揭示联系"的过程，有利于激发学生的学习兴趣，帮助他们理解数学实质，提高思维能力，了解知识之间的联系。然而在教学中，部分教师认为让学生经历知识的形成过程很浪费时间，所以对新知识简单处理，匆匆而过，造成学生对数学知识的机械记忆和单纯模仿。

在传统教学中，学生的学习常常被理解为知识获得，随着教育理论的丰富与快速发展，学习逐渐被理解为情境参与或知识创造。学习不仅是知识的学习和积累活动，还应该成为知识的生产和创造活动。课堂学习倡导通过以"主动参与实践、乐于自主探究、互动交流合作"为特征的学生主体参与的学习方式，实现知识的创新创造、学生学习能力的提升以及其学科核心素养等的发展。

然而，在课堂教学实践中，教师没能正确认识和准确把握自主学习、合作学习与探究学习的运行原理与操作要领，认为只要将课本上的知识内容以课堂提问、课堂练习等方式让学生理解、应用，或将问题复杂化并组织学生合作交流实现问题解决就是达到"自主、合作、探究"的目的。例如，从具体的教学环节来看，教师在温故知新环节，主要以提问知识或课堂练习的形式帮助学生回顾所学知识；在目标引导环节，对于学生只关注知识目标的行为没有采取任何教学干预；在课堂教学过程中，对学生进行提问的内容也主要限于知识层面；在课堂小节以及最后的课堂总结环节，师生重点也是围绕知识进行总结，缺少对创新性学习活动以及学生学习能力变化等方面的总结。从课堂活动参与来看，学生积极主动参与课堂的行为较少，课堂参与主要依赖于教师的提问和点名。从合作探究来看，教学注重开展小组合作探究，但是也会出现简单问题采取合作探究的学习方式的情况，缺少对合作探究过程的指导和评价，这无疑会造成合作探究形式化，脱离合作探究的真正目的。由此可以看出，目前的初中数学优质课堂还是倾向于关注知识的获得，依赖于教师教学引导下的表层参与，而忽视对学生的课堂参与能力、自主探究能力、创新创造能力等方面的关注和培养，没有彻底实现课堂学习方式的转变。

（四）教师对数学思想教学认识不深刻

教师对数学思想的教学呈现出"偏认知，常涉及，浮表面，低回报，较重视，少研究，多困惑，少策略"的特点，具体表现在如下几个方面。

①教师对数学思想的认知有偏差。一方面，虽然绝大多数教师能说出初中教学中涉及的各种数学思想，但也有个别教师容易将数学思想与数学方法混淆，认为解题方法类的知识都属于数学思想的范畴，这样的理解显然是过于宽泛的，数学思想是对数学知识和方法的本质认识，是对数学方法的高度概括，所以不能将两者混为一谈。另一方面，教师的思想认识不到位，认为只需按照事实性知识的教学方法来讲解数学思想即可。然而，数学思想属于方法性的策略，不能将其当作事实性的知识通过大量的记忆、模仿、练习来习得，而需要让学生在探索知识的过程中充分感悟数学思想的本质。

②思想渗透不深入，教学方式待改进。受传统教学的影响，教师在教学中存在"重结果，轻过程"的现象，普遍存在直接告诉学生结论后，通过大量题型练习总结出不同题型的解题技巧的问题。教师直接向学生点明数学思想的概念，不注重学生在探索知识过程中对数学思想的感悟，学生没有掌握方法性知识的学习方法，通过记忆背诵定义来学习数学思想，导致数学思想渗透不深入，学生并未实现对数学思想真正意义上的掌握，无法内化吸收为分析、解决问题的能力。

③思想渗透缺指导，课程标准研读不透彻。《义务教育数学课程标准（2022年版）》中明确对"形成数学基本思想，积累数学活动经验"方面提出了相关教

学建议，但教师表示概括性太高，不知道该如何具体实施。课程标准是国家对基础教育的基本规范和质量要求，作为纲领性文件，不可能具体到教学环节中的每一步，所以教师应该充分透彻地研读课程标准，遇到困惑可以阅读有关专家学者对课程标准的解读，与同事分享交流学习，共同研究如何落实课程标准要求，具体应怎样渗透数学思想，渗透应达到怎样的教学目标等问题。

④思想渗透多困惑，教学研究待丰富。教学研究是解决教学中出现的问题，改变教学现状的重要途径。然而，教师在教学研究中讨论的基本上都是有关如何提升学生学习成绩、如何教会学生解题等问题，几乎不涉及渗透数学思想方面的问题，这导致教师在渗透数学思想方面出现的许多困惑得不到解决。例如，为什么要渗透数学思想，渗透数学思想浪费时间，渗透数学思想的教学效果不佳甚至劳而无获等。数学思想的渗透不可能一蹴而就，需要不断重复地感性认识，先从整体上感受数学思想，当达到一定程度时，才可以上升为理性认知，经过大量重复的思考和理性思维的积累，学生才能逐渐理解数学思想的实质，进而应用到分析解决问题的过程中。教师在数学思想渗透过程中缺乏明确的目标层次，没有系统成熟的渗透策略，忽视学生的掌握情况，忽视知识的发展过程，涉及数学思想时只是用抽象概括的语言告诉学生数学思想的概念，这样学生只会单纯地记忆，并不能理解概念背后蕴含的实质，由此学生自然无法达到熟练掌握、灵活运用数学思想的目标。

二、学生方面的问题

（一）学生学习数学的积极性不高

首先，在初中数学教学课堂中，由于有些教师的教学模式还没有完全转变，只是将学习内容传递给学生，这种单一的教学模式非常容易使学生感到枯燥无聊，久而久之，学生也就失去了学习数学的积极性。其次，有些教师为了尽快完成教学进度，减少了与学生互动交流的环节，学生在上课时很少能够与教师直接交流。长此以往，学生上课时注意力也就不够集中，学生能力的培养更无从谈起。最后，现阶段随着娱乐设施和娱乐方式的多样化，在生活中吸引初中阶段学生的东西越来越多，由此导致了学生对学习持一种反感和厌恶的态度，又因为数学学习存在一定的难度，学生的这种情绪也就容易更加严重。厌学情绪导致教师在授课的过程中无法激发学生对数学知识的兴趣，无法有效控制学生在课堂上的思想和行为。部分学生由于数学基础差且厌学，在课堂上无法跟随教师的讲课思路而呈现出一种乏力的状态，既不参与课堂提问和思考，也不参与教学活动。学生这样的状态增加了初中数学的教学难度。

（二）学生未养成良好的学习习惯

在实际教学过程中，由于初中阶段学生的自制力较差，学生缺乏自觉主动完成作业的动力和恒心，在缺乏有效的家庭监督的条件下，学生通常无法保质保量地完成数学家庭作业。此外，大部分初中学生在完成数学家庭作业的过程中态度不端正，不认真积极地思考相关的数学问题，解答过程混乱，遇到存在一定困难的数学问题便放弃。

（三）学生缺乏学好数学自信心

学生在学习数学时缺乏自信心，不论是课堂表现，还是学生独立完成作业、做练习或是考试时，哪怕做对了也不敢确定正确与否，从而影响做题效率。

整体来看，学生对数学思想的学习呈现出"低兴趣，多被动，缺方法，少收获，难应用"的特点，具体表现为以下几方面。

首先，学生对数学思想的认知有偏差。其一，学生缺乏主动学习的意识，有相当一部分学生对探索数学缺乏兴趣，很少有利用数学思想分析、解决问题的意识，在问题解决之后也不会主动去总结用到的数学思想。其二，学生的学习目的过于狭隘，很多学生认为学习是为了考试，所以很少想到用所学到的数学知识与方法去寻求解决问题的策略。其三，学生普遍存在被动的学习观念，怎么学、学什么、学到什么程度，完全处于教师的主导下，教师用显化的语言介绍数学思想，学生就习惯性地把定义记下来，而不会主动思考数学思想与知识间的联系、数学思想对解题的作用等问题。

其次，学生对数学思想的学习方式亟待改变。数学思想是方法性的知识，教学时需要创设给学生体验、辨析、交流、反思等主动学习的机会，让学生去"悟"出数学思想。而在实际教学中教师却用显化的语言直接告诉学生数学思想的含义及用途，学生就用记忆、模仿等事实性知识的学习方式来学习数学思想，导致学生不能理解数学思想的原理，不能将数学思想与数学知识的产生、发展联系起来。

最后，学生对数学思想的掌握情况较差，应用能力有待提高。由于学生缺乏相对科学和恰当的学习方式，学生对数学思想仅是停留在表面的感性认识阶段，不理解数学思想的内涵所在，不能将数学思想灵活运用到问题解决中去。具体表现为学生能说出一些数学思想，知道其说法但不知道该怎么用，遇到具体问题时，学生没有运用数学思想的意识，学生也不会主动去总结解题过程中用到的数学思想。学生对数学思想的认识仅停留在对其含义的感性认识层面，尚未上升至对其本质的理性认识层面，也不具备应用数学思想分析和解决问题的能力。

针对上面的问题，首先要解决的是细致地帮助学生建立学习数学的自信心，在全面展开差异化教学活动中引导学生一步一步地收获成功，进而逐步达到个体的差异化目标，使学生在收获成功和建立自信心的良性循环中提高自身的学习积极性。

三、教学管理方面存在的问题

（一）学习经验调动和目标引导偏重知识获得

学生的学习往往从已有的学习经验开始。完整的学习经验包括知识经验、生活经验、数学学习和活动经验、情感经验等。然而教师在教学的过程中往往只是通过引入生活情境来调动学生的生活经验，或者利用提问知识点或课堂巩固练习等教学组织形式来调动学生的知识经验，而忽视数学思想、方法等数学学习和活动经验或情感经验的调动。因此，数学的学习既要重视利用学生已有的知识经验来建立新旧知识间的联系；还要重视整个学习经验，也就是学生相关的数学学习经历，有利于将相关知识及学习经历转化为个人学习的能力，促进学生自主学习能力的提升，以及提高课堂教学的效率。此外，对于学习目标而言，也存在偏重知识获得的问题。通常教师是从"知识与技能""过程与方法""情感态度与价值观"三个维度来设计教学目标的，然而在课堂教学中却往往只关注"知识与技能"目标，忽视"过程与方法"与"情感态度与价值观"目标，同时也造成了学生对目标的片面理解，从而导致课堂教学过程偏重知识目标，如教师提问侧重于知识点的提问，学生总结学习收获侧重于知识点的总结等，而缺少对数学学习和活动经验、情感经验等方面的总结。

（二）教学策略运用单一

教学策略的选择、组合和运用关系是评判课堂教学质量的依据。课堂教学过程中运用多元化的教学策略能够促进学生积极主动参与课堂，转变学生的学习方式；同时还能够促进学生的认知发展。然而，在课堂教学实践中，教师在教学过程中多是以教学者的身份来运用教学策略的，且教学策略运用单一化，较多表现为提问策略、指导策略，这在一定程度上促进了学生信息加工和理解关联的认知投入，但却对学习者的提问质疑、自我评估与监控等元认知投入调动不足，因此这也影响了学生的认知发展。元认知投入是学生对自己学习过程的认知，是学生自主学习和参与课堂的重要体现。当然，教师也可以通过创设情境、营造氛围、观察指导、积极反馈等来激发学生的学习动机，鼓励学生积极参与课堂互动，但这种课堂学习和参与方式主要还是依赖于教师的提问和点名，学生自主学习的能动性未能得到充分发挥。因此，教师应该转变教学观点，坚持以学习者为中心，综合运用多种教学策略，调动学生认知投入尤其是元认知投入的积极性，通过促进学生积极主动参与学习活动，培养学生自主学习的能力，真正实现学习方式的转变。

（三）教学设计创新不足

创新性的教学设计是教学取得良好效果的必要前提，也就是说课堂有了创新性的教学设计，才能促进学生关键能力的发展。然而，在课堂教学实践中，认知发展主要表现为知识整合、迁移应用和分析讲解，而创新实践和评价反思少有体现，这一方面是由于教学策略的运用，另一方面也是由于问题引领和教学活动缺乏创新，无法达到更高层次的认知发展。人际发展主要通过沟通协作来表现，表现形式单一，这主要是由于课堂教学互动形式单一，没有为人际发展创造更多的平台。自我发展中人文素养较少体现，教师是通过创新教学活动设计，即让学生通过合作交流构建数学模型、化解数学模型，并分享交流来促进学生认知发展的。其实在这个过程中，实现了知识、应用、分析、创造以及评价等多个认知发展目标，而且也在一定程度上体现了学生的学科精神和人文素养。由此可见，创新性的教学设计对于学生关键能力的培养起着重要作用。

（四）综合实践教学重视程度不够

综合实践课程内容的教学是非常重要的。这可以使学生在实践活动中认识到数学内部各要素与其他学科及实际生活的紧密联系，从而培养出学生严谨的理论逻辑和解决现实问题的能力，并且在这一过程中学生可以对数学的总体理解更加深入，并能深切感受到数学在人类文明发展过程中的重要意义。换句话说，综合实践的教学重在综合，作为一个全新的领域，个别教师在实际教学中会面临诸多问题，主要体现在对该领域的重要性认识不足，只是简单地认为让学生多做题，也未能认识到该领域与数学的另外三个模块的关系，以及如何有效开展该领域的教学。另外，一些教师在实际教学中只注重考试所考的那部分，对于实践活动这一方面的教学不太重视。主要是因为教师对新领域的认知不足，导致可供借鉴和参考的案例比较少，而设计一个符合学生发展的教学方案则需要耗费大量的研究时间。在综合实践的实施过程中还需要使用一些教具和学具，但由于学校教学设备的欠缺，教师无法正常开展综合与实践的课程。综合实践可以锻炼学生的逻辑思维，但是，存在有些教师在实践活动中依然以自己为主导，学生的主体性发展不好的现象，师生、生生之间的互动性也少。基于以上所谈及的问题我们可以发现，该领域对学生的实践能力和创新精神的培养有着重大的意义，但是在实际的教学中经常被教师忽略，学生综合能力的提升没有得到显著提高。

有的教师没有开展综合实践课程的主要原因是面临中考压力大而影响教学进度、教学设备欠缺和教材中提供的综合实践活动的教学内容实际组织操作都比较困难；次要原因是教师缺乏该课程的专业培训、学生水平和教师自身问题等。教师没有开展综合实践课程的原因并没有集中在某一个方面，而是相对分散。事实上，合理地开展综合实践课程既能够提高学生学习数学的兴趣和热情，还能有效培养学生创新能力和分析问题与解决问题的能力。教师实施综合实践课程需要的条件：一是中考考纲要求、课时充足、有充足的备课资源和学校培养方案中的要求；二是备课组的统一实施、教育部门的重视；三是学校与家长的高度重视。综合与实践是《义务教育数学课程标准（2022年版）》中全新的内容，但受学生学业成绩的影响，家长和学生对这一模块都不够重视，在以考试为主要考核形式的情况下，想要改变这种现状首先要做的就是改变评价方式。

学生在综合实践中遇到的困难主要体现在教学内容难度过大，实际组织操作比较困难。教师开展的课堂综合实践课程学生可以理解，但在具体操作环节难以有效展开，教师对活动的有效引导也非常有限，可供参考和借阅的课程资源和设备也有限。学生的时间及精力有限，对综合实践课程的认识不足。对于综合实践课程的有效实施，希望教师能够重视对该课程的开设以及提供一些可供利用的资料和设备；希望教师能够定期参加该课程教学的培训以及重视素材的开发和利用；希望家长转变观念，了解这一领域课程设置的目的，获得他们的理解与支持。

四、教学反馈与评价方面存在的问题

初中数学教学强调用多维的评估来评价学生的学习效果，通过即时反馈来修正教学过程。因此，课堂教学应该开展持续性的教学评价与反馈，并注重基于教学评价与反馈的教学改进。然而，在课堂教学实践中，教师只是简单地给予学生学习行为表现的认可，而缺乏对教与学过程的反馈与评价。例如，在课堂教学中，存在学生对于教师提出的问题回答不上来，教师却没有采取有效的教学启发引导学生思考与理解问题，而是直接让另一位同学回答，之后也没有反思为何有学生不理解，怎样教才能使学生理解这个问题。再如，教师不断创设类似的问题情境，组织学生巩固练习，当教师询问学生有没有完成问题解答时，学生很自信地给予教师肯定回答，这也在一定程度上说明学生能够达到更高的教学要求。然而教师却没有在接下来的问题情境创设中增加难度，强化学生学习的成果，使得整个课堂学习过程在反复的课堂练习中进行，显得非常单调，课堂氛围也很平淡，在课程即将结束前，学生甚至表现得有些躁动。这些表现也都源于教师没有开展持续性的教学评价与反馈，更没有基于教学评价与反馈的教学改进。

第二节　影响初中数学教学的因素

一、学生方面的因素

（一）初中生的智力因素

智力一般由观察力、思维力、想象力、注意力和记忆力等基本因素组成。其中智力的基础是观察力，核心是思维力。在初中数学学习过程中，学生的思维力和想象力开始逐步提高，逐步形成逻辑思维能力和空间抽象能力，二者成为学习初中数学的重要因素。通过课堂实践，我们发现观察力、思维力与想象力对初中生的数学课堂学习有重大的影响，以下进行简要介绍。

1. 观察力

观察是认识事物的开始，是智力发展的基础。观察力是指全面、正确、深入地观察事物特点的能力。数学课程要求的观察力主要表现在能够迅速地观察数和形这两个方面的特点，从问题所表现的形式和结构中发现其中的内在联系，也就是初中生自主地、有目的地对数学符号、字母、数字所表示的数学关系式、几何命题、几何图形的结构特点进行观察和分析，找出它们之间的联系或本质。初中生的观察力影响学生课堂学习的兴趣，如果学生能够观察到数学抽象性具有简单统一的内在美、数量关系与空间几何所具有的对称美等，那么他们就会对数学内容产生浓厚的兴趣，并产生求知的强烈愿望，从而提高课堂学习的有效性。

2.思维力

初中阶段学生的思维正在由形象性思维向逻辑性思维转变，这种转变需要一定的时间和教师的培养，而且初中数学中的大部分证明是直线型一步一步地顺推下去的，并且每一步都要有充分的依据。

八年级是初中生思维发展的关键期，虽然初中生的抽象逻辑思维逐步发展，但是还需要具体形象的支持。因此，教师需要对学生的思维发展过程有所了解，在不同的阶段因材施教，耐心地引导启发，促进学生深入探究数学问题，发展其抽象逻辑思维。初中生的大部分思维活动还离不开具体形象思维的支持，这就需要教师在对教学中较难、抽象的知识点进行教学设计时，多运用多媒体或者组织师生互动等方式，使教学内容形象直观、富有感染力，从而激发学生课堂学习的兴趣，提高教学效率。

相比于小学生，初中生的提问方式发生了明显变化：提问趋于探究性、提问具有开拓性、提问具有批判性。这也对教师的课堂教学提出了更高的要求，教师在教学方法上可以多使用探究式教学，在学习新课时引导学生自主探究、合作交流，使学生在探究活动中实现学习目标；并根据学生思维的灵活性，在设计练习时多运用习题的变式拓展学生的思维，利用"一题多解"培养学生的发散思维，启发学生广泛联想。在整个教学过程中，教师要注意对学生提出的问题及时地进行解答，接受学生给予的教学反馈，并对学生主动提出问题的行为进行鼓励和表扬，激励学生多思考、勤提问，促进其思维多方位发展。

初中生思维的特性表现如下：第一，深刻性与表面性共存。在初中阶段，学生分析问题时难以深入问题的本质，事物的表面特征依旧会干扰学生的思维。例如，在学习函数部分的知识时，实际应用问题是学生容易出错的，也是难以入手的，学生会出现运用函数知识解题而忽略实际问题背景隐藏条件的情况，这就需要教师在教学过程中不断强调、耐心引导，让学生理解并学会全面、深入地思考问题。第二，批判性和片面性共存。八年级后，学生逐渐产生自我意识，渴望独立，因而思维的批判性显著提高。初中生逐渐不再像小学生那样相信家长、教师的话和权威意见，对教师、教科书等事物持怀疑态度，这就需要教师完善自我，拥有较高的知识理论，发挥自己的人格魅力，使学生从心底里敬佩教师，这样他们才会愿意接受知识，同时，教师教学时不能一味地"灌输"，要将每个知识点的来龙去脉解释清楚，证明过程要详细且逻辑严密，做到有理有据。但初中生思维的批判性还不成熟，具有一定的片面性，经常陷入思想的泥潭而不能自拔，教师要及时发现并给予引导，帮助学生分析原因，避免再次陷入此类思想泥潭，同时将学生引入正确的轨道。在日常的学习活动中，教师往往会发现初中生由于考虑问题不够全面、逻辑不够严密，虽然拥有很高的创造性，提出的观点很新颖，但是问题的处理结果并不准确，教师在鼓励学生自主学习、积极思考的同时，对学生的缺点要耐心地加以引导，帮助他们发散思维，培养学生的创造性。第三，自我中心意识的出现。初中生总是专注于自己的情绪，往往夸大自己的情绪情感，认为他们的情绪体验是独一无二的，没有人理解自己。教师针对这种思维特点，要关注、关心、关爱学生，了解学生最近的状态，在课堂教学时对自己的言行加以管理，经常换位思考，避免使学生产生误会或者负面情绪。

3. 想象力

想象力是对客观事物空间形式的观察、分析和抽象思考的一种能力。要是没有一定的想象力，就不容易形成概念，自然就影响了学生课堂学习的效果。

初中数学内容的特点之一是有高度的抽象性，有些初中生因数学的抽象性而感觉数学枯燥难学，进而丧失了学习数学的兴趣。想象力恰恰可以把数学抽象理论还原成贴近初中生生活的数学实际，让初中生体会到数学的实用价值，让更多学生愿学、乐学数学。初中生只有对学习数学有了积极的情绪，才会积极主动地参与到数学课堂学习中来。充分发挥想象力，既有助于学生对知识的理解和记忆，又有助于学生提高课堂学习效果。

（二）初中生的非智力因素

1. 初中生数学学习动机

学习动机是直接推动学生参与学习活动的心理因素之一，在形式上表现为需要、兴趣、愿望、好奇心、责任感等；内容上表现为家庭、学校、社会对其学习提出的客观要求。心理学研究表明，学生年级越低，他们的学习动机往往与学习活动联系越紧密。随着年龄的增长、学习兴趣的扩展，学生学习动机逐渐有一定的社会意义。现在的初中生，他们学习数学有的是为了得到好的数学成绩、不甘落后；或者是为了家长和教师的表扬，为了获得奖励而努力学习数学；还有的学生学习数学是为了在中考考出好的成绩。一般来说，学习动机越强，学习的自觉性、积极性就越高，数学学习就越能够专心致志，碰到难题也就越不会轻易放弃，以顽强的毅力去克服它。正因为如此，要在数学学习中树立正确的学习动机。

2. 初中生数学学习兴趣

学习兴趣是指学生渴望获得知识和积极探究某事物的一种认识倾向。美国科学家爱因斯坦（Einstein）曾说过："兴趣是最好的老师。"[①]对数学感兴趣的学生，把数学视为一种乐趣和爱好，在课堂上他们会全神贯注地学习数学，竭尽全力去认识和解决数学问题，从中获得巨大的满足感，产生新的学习需要。可见，兴趣具有一定的动力作用，学生对数学感兴趣，在课堂上学习就会感觉到轻松愉快，这就会成为学生课堂学习的动力，进一步提高学生的数学课堂学习效果，从而使学生的学习处于一种良性的循环之中。同样，如果学生对数学学习不感兴趣，就会认为数学学习是一种负担，在课堂上就会得过且过、马马虎虎、容易分心、注意力不持久，数学教师讲的内容听不懂，理解不了，从而导致学习数学不成功，对数学学习失去兴趣。

3.初中生数学学习意志

数学学习意志是学生为了实现预期的数学学习目标，自觉地调节自己的学习行为，克服学习过程中遇到的困难的一种心理过程。初中生如何去对待数学学习过程中遇到的困难，这往往成为提高数学学习有效性的关键。如果学生在数学学习中遇到困难时拥有坚韧的意志力，那么他在学习中会勤奋努力、刻苦钻研，从而取得数学学习的成功；同时，有良好数学学习意志的初中生对所学的内容绝不满足于只记公式、结论等，他们会思考这样的公式、结论是怎么推理出来的，关键在哪里，反映了何种数学思想等。例如，九年级上册的一元二次方程根的求法公式，不仅要记住公式的结论，还要思考它是怎么提出来的、导出的关键是什么、如何运用配方法求一元二次方程的根。这也就是说学生只有端正态度，不放过学习中的任何一个疑点，才能提高学习的有效性。

（三）初中生的个体差异

学生的家庭环境和学习态度对教学效果影响非常大，也影响其学习兴趣和学习效果。学生从小接受的家庭教育和环境的影响，造成了学生学习能力的差别，有些家长看重对学生的全面培养，使其享受到了较好的教育资源，潜移默化地提升了学生的学习能力。但实际上，目前对学生的全面培养存在偏差，家长自身的素质理念以及生活环境等因素都影响着学生的成长。

初中生正处于懵懂的年龄，需要家长的陪伴，留守儿童、单亲家庭等特殊情况的学生屡屡可见，这类学生的学习能力、思想状态常常存在一定偏差。乐观有天赋的学生受到家庭的影响较小，但更多的学生受到家庭的影响不容小觑，这类

---

① 爱因斯坦.爱因斯坦文集（增补本）：第三卷[M].许良英，赵中立，张宣三，译.北京：商务印书馆，2009.

学生对"学习使人进步，学习改变自身"这样的观念并不能完全理解。还有教育环境的不同，学生的基本素养很难达到完美无缺。教师针对学生的素质差别如何采取不同的教育手段是目前中学教育面临的最大难题。

二、教师方面的因素

（一）数学教学效率意识

初中数学课堂教学的有效性要落实在初中生学习的有效性上，最重要的是学习效率上。其实这就意味着要树立"学习时间有限"的意识，也就是说，提高初中生学习的有效性不能单独依靠延长学习时间来进行。初中数学教师确立时间效率的观念后，就要把更多的时间留给学生进行自主学习，不要占用学生很多额外的学习时间，而且要把教学的重点放在提高学生的课堂学习效率上，这样把教师的教学时间和学生学习的自主时间结合起来，既能提高学生自主学习的能力，又能提高了学生自主学习的质量，从而提高初中数学课堂教学的有效性。

（二）数学教学目标的制订

数学课堂教学目标限定整个数学课堂的教学过程，有了目标就会为目标的实现而倾注努力，合理地分配时间，有的放矢地突出重点、突破难点。初中数学课堂教学的有效性最终要落实在数学课堂教学目标的整体实现上，知识技能、数学思考、问题解决和情感态度价值观这四个方面是不可分割的整体；数学知识只有在学生积极思考和大胆解决问题的过程中，才能实现经验性的意义建构，真正成为自己的数学知识；数学思考和问题解决只有以学生积极的情感态度为动力，以数学知识与技能为应用对象，才能体现他们真正的存在价值；情感态度价值观是在伴随着学生对知识与技能的反思和问题解决的过程中得到提升的。因此，这四个方面是相互依赖的，能够共同促进学生发展，进而提高初中数学课堂教学的有效性。

（三）数学教学反馈

数学课堂教学反馈能够保证教学活动向预定的课堂教学目标前进，促进数学教学过程不断优化。一方面，数学教师可以了解学生对知识技能等目标的掌握程度，与预定的目标比较，找出存在的差距和原因，及时调整教学过程，以达到最佳的效果；另一方面，要让学生及时知道自己的学习结果，因为满意的学习结果能够使学生获得成功的体验，从而使其数学学习兴趣更浓；如果数学成绩不太理想或者较差，学生看到自己的差距和不足就会及时调整自己的数学学习行为，更加主动积极地进行数学学习，以提高课堂学习的有效性。

三、课堂教学方面的因素

（一）课堂教学环境

课堂教学环境这个大的系统主要是由两类环境构成的，即课堂物质环境和课堂心理环境。其中，课堂物质环境包括班级规模、座位编排方式、教室的照明、通风等；课堂心理环境主要指在数学课堂教学过程中，师生之间形成的一种人际环境和课堂气氛。课堂物质环境是基础性条件，现代课堂可以说都能够为学生提供一个舒适的课堂教学环境。因此，课堂心理环境才是决定性条件。

数学课堂教学活动中的人际关系主要表现为数学教师与学生、学生与学生之间的关系，主要体现在数学课堂教学活动中教师和学生之间的互动和交流，而且这种交流既有知识层面的，又有情感方面的。一方面，在师生针对数学问题的交流中，学生既可以获得认知的发展，也可以感受自己的被关注和期待，从而产生积极主动的数学学习心态；另一方面，在数学课堂教学中，由于不同层次的学生在学习习惯、思维特点及学习迁移能力等方面存在着差异，那么在他们相互合作、争论、模仿的学习过程中，每一位"数学优秀生"的数学认知特点都会得到优化和提高，而"数学困难户"也会被带动而有较明显的进步。

数学教学气氛主要是指在数学课堂教学过程中，通过师生之间的相互作用而形成的一种心理环境，主要包括师生的心境、态度、情绪和课堂秩序。愉悦的心理气氛有利于师生之间情感和信息的交流；同时，按照人本主义理论的观点，学生的学习不能脱离学生的情绪感受而孤立地进行，消极沉闷的数学课堂教学心理环境阻碍了教师传递数学信息，也阻碍了学生接收和理解数学信息，进而影响了数学课堂教学的有效性。

（二）课堂高效教学

在当今课程改革追求高效教育质量的时代背景下，创建高效的数学课堂是每位教师教育事业的追求目标。在教学课程中教师始终要思考怎样在课堂中让学生成为学习的主人，怎样让学生高效接收教师所传授的知识，提高效率，减轻学生的学习负担，达到高效课堂的目的。教师需要知道和谐的课堂氛围对高效课堂起着积极的作用。轻松愉悦的课堂氛围可使师生关系融洽，双方在平等的关系中对话，学生不会有压迫感，教师也没有高人一等的体验，这样双方都会感到快乐、轻松，学生能够在教师的引导下畅所欲言、各抒己见，进而对自己有把握的内容自主探索、合作交流，在这样的课堂上，师生双方共同学习、共同进步，从而高效、高速地完成教学任务。要知道每个学生都是独特的个体，有自己独特的思想和个性。教师除了要制订教学目标，还要把学生当成教学过程中一个重要的环节，了解学生的特点、关注学生的特点，并制订符合学生特点的个性化方案，只有掌握学生的情况才能因材施教，促进所有学生的数学学习。学生具有主观能动性，新颖化的模式对于初中生来说具有新鲜感，能够激发学生的兴趣，促使学生接收、消化知识，进而巩固、应用。因此教师要能够设计有利于激发学生兴趣的教学模式，特别是适合学生特点的教学模式，切实提高课堂教学的有效性。

课堂教学是一个师生双方互动的过程，是一个动态的过程。教师在课堂教学中发挥指导者的作用，不能剥夺学生的主体地位，教师要有意识地调动学生的积极性，采取实验、提问、谈话等方式给学生积极参与课堂教学的机会，通过各种方式让学生在课堂教学中动脑、动手、动口，让他们成为课堂教学的主人。在师生平等对话的基础上，同学之间不再是单纯的竞争关系，而是合作、互相促进的关系，在合作学习中学生的情感得以培养，学生的口头表达能力得以训练，学生的思维得到了开发，从而进一步加深了学生对知识的理解，在这样的课堂上学生能够快速有效地接收课堂知识，教师也创建了属于自己的高效课堂。

初中数学构建高效课堂的目的及要求如下。

1. 激发学生的学习积极性，创造良好的听课氛围

不同教师上课的风格可以培养学生的不同学习态度，而数学课堂气氛活跃与否对数学课堂教学效果的高低有着直接的影响。为了创建良好的初中数学课堂气氛，要创设有趣的数学情境以吸引学生学习兴趣。兴趣与积极的情绪相关，初中生相对来讲比较单纯且抽象能力并不是很强，借助绘声绘色的描述、色彩鲜明的图片或生动的故事等方式对于教师创设生动的数学学习环境有一定的积极意义，使得抽象的知识点易为学生理解和接受。同时还可以设置奖励分制度，得分高的同学有相应的奖励。另外，初中生思维活跃，好胜心强，富有积极向上的竞争精神。据此可在课堂教学中组织对抗性、趣味性强的问答，开展数学竞赛活动，在紧张、激烈的竞争氛围中激发学生的学习兴趣，对于积极参与课堂教学活动的学生给予表扬和鼓励，从而活跃数学课堂气氛，还可以用符合学生实际的数学模型烘托课堂气氛。在进行数学概念教学时，应建立对应的数学模型，从学生日常生活中遇到的问题切入，结合模型进行分析，获得对于所研究对象的深入认识，层层递进地研究其本质属性，再进行总结，提出并建立新的概念。教师不仅要有精

深的专业知识，也要有幽默的教学机制。轻松高效的课堂氛围是数学教师的性格、修养、智慧的表现，幽默可以更好地引导学生听课，实现数学课堂的高效进行，大大提高常规教学的完成度。

2. 培养学生自主思考能力和自我管理意识，达到自我反思的目的

只有学生自己想要去思考问题才能真实地掌握知识，如果只是教师在课堂中灌输式地教给学生是没有很大效果的。初中的学生已经有了一定的自我管理意识，所以在日常的教学中要注意引导学生自主思考，课后能自我巩固所学的知识，做相关的练习题让自己更熟练地掌握知识。引导学生进行自我教育，端正学习态度，自觉学习。让学生知道学习是自己的事情，教师只不过是新知识的引导者，而知识掌握得好不好还需要个人努力。引导学生自我管理，养成自律的好习惯。要上好一堂课的前提就是要课堂纪律好，只有安静下来，每位学生的关注点都在教师身上，才能实现高效课堂。教师为了管理好课堂，正常地进行知识的讲解，就要对守纪律的同学予以表扬，对做得不好的同学提出批评，这样可以充分调动学生的积极性。

3. 让每一位学生都融入课堂，促进学生的全面发展

在初中数学课堂上，数学教师应善于发掘教材中有趣的故事和数学在生活当中的实际应用，激发学生学习数学的兴趣，这是最高效、最直接的方法。在课堂上应给学生充分的思考时间和回答的机会，让学生自己发现知识、理解知识、应用知识。学生自己善于发现数学，全身心地融入课堂，既能让教师上课轻松，又可以促进学生的全面发展。另外，学习数学不仅要自己独立思考，也要跟同学合作，在合作过程中，学生可以获得更多不同的思维方式，有利于培养学生的数学发散性思维。成功的数学课堂管理应该努力适应数学教学的特点，不应追求唯一的答案。积极愉悦的数学课堂教学心理环境对课堂教学活动创设有着积极的作用，它有利于初中数学教师和初中生在课堂上产生心理上的共鸣和情感上的沟通，同时也有利于克服和缓解初中生在数学学习中产生的身心疲劳，从而提高数学学习的效率。

四、教学内容方面的因素

（一）数学教学内容的预设和生成

在课堂教学过程中，要处理好教学内容的预设和生成的关系。而数学教学方案就是对数学教学内容的预设，实施数学教学方案就是要把这种预设转化为实际

的课堂教学活动。在这个教学过程中，教师和学生的互动往往会生成一些新的课堂教学资源，这些教学资源有助于我们实施教学方案，帮助学生理解教学内容，甚至有可能拓宽学生的知识视野。这就需要数学教师能够及时把握、因势利导，处理好生成与预设的关系，从而提高数学课堂教学的有效性。

（二）数学教学内容的呈现

《义务教育数学课程标准（2002年版）》强调数学教学内容的呈现要贴近学生的现实，这里的现实是指学生生活现实、数学现实和其他学科现实。因此，在课堂教学中，一方面，教学内容的呈现应该注重与学生的生活实际相联系，注重把数学问题生活化和情境化，这有助于学生体会数学与社会的联系，感悟数学的应用价值，强化学生从数学角度看待周围的事物，激发他们的学习兴趣；另一方面，数学内容的逻辑性决定了教学内容的呈现要注重前后知识的联系，新的数学内容可以视为学生已有知识经验的延伸。如果只是学习、记忆和获得一些孤立的数学知识，这样既弱化了数学内容本身的系统性，也与建构主义数学知识观相违背。还有初中数学教学内容的另一特性即广泛应用性，这也决定了数学可以解决其他学科中的许多问题，如物理、化学、生物、地理等自然科学问题，以及与语文、历史等相关的人文科学问题，加强数学与其他学科的关联，可以使学生在对其他学科问题的解决中理解数学的丰富内涵，感悟数学的广泛应用性，形成对数学的正确认识与态度。

总之，我们要用联系的观点看问题，把数学内容的呈现与学生的生活现实、数学现实、学科现实联系起来，加强多向联系，将联系的观点贯穿于整个数学教学内容的过程中。这样可以帮助初中生形成积极的数学学习态度和正确的数学观，更好地体验和理解数学，从而提高学生数学课堂学习的有效性。

第三章　初中数学教学目标

教师是知识的传播者，被誉为"园丁"，而要想使"花朵"开得旺盛，不仅需要在教学中做到科学合理，同时也需在教学前进行有效的教学目标设计，这样才能在具体实施时有方向可循，防止教学内容发生偏移。本章分为教学目标概述、初中数学教学目标的确定、初中数学教学目标的表述三部分。

第一节　教学目标概述

一、对教学目标的认识

什么是教学目标？美国教育学者伯顿·克拉克（Burton Clark）认为，教学目标是目前达不到的事物，是努力争取的、向前的、将要产生的事物，也就是说，教学目标代表着人们对学习结果的一种主观期待。通过学习，学习者能发生一定程度的行为变化，包括知识的增长、解决问题能力的提高、学习态度的变化等。我国中小学教学目标研究历时 70 年，从最初以美国心理学家杰罗姆·布鲁纳（Jerome Bruner）的"目标分类理论"和美国教育心理学家罗伯特·加涅（Robert Gagné）的"学习结果分类理论"等理论为研究基础，到后来国内学者纷纷开启了本土化研究，经过多年的发展，目标体系不断完善，教育目标的内涵也在不断扩展。

第一，教学目标是一个多层次的目标体系。教育目的、培养目标、课程目标、教学目标代表了四个不同级别的目标层次。教育目的是最高层次的概念，是培养各级各类人才的总规定。培养目标是不同类型、不同层次的学校培养人的具体要求。课程目标是课程本身要实现的具体目标，它是确定课程内容、教学目标、教学方法的基础。教学目标是最低层次的目标，内容更为具体，可细化到单元目标、课时目标，是对教学进行指导、实施、评价的基本依据。显然，高层次目标对低层次目标起到了指导作用，低层次目标又是高层次目标的具体化，只有依次实现低层次目标才能逐渐达成高层次目标，最终实现教育目的。

第二，教学目标是明确、具体、可以被衡量的。教学目标是学生经过学习后表现出来的一些行为，教师可通过一些评价证据、技术手段，对学生进行定性或定量的测试，检测学生是否达到了学习标准，避免因教学目标空洞而造成学生的学习效果难以评价和衡量。

第三，教学目标描述的是学生的学习结果（包括言语信息、智力技能、认知策略、动作技能和情感），在教学过程中应该以学生为主体，强调学生通过教学会说什么或会做什么，而不应该强调教师应做什么。

第四，教学目标是师生教与学双向实现的目标，既是教师的教学目标，也是学生的学习目标。教师通过精心的教学设计和课堂组织，使学生在学习过程中身心发生一系列的变化，这就是教学目标着眼于教、落脚于学的重要体现。

二、教学目标的功能

（一）导向功能

在当今社会教育的大背景下，无论是提倡素质教育，培养全面发展的人；还是针对某一学科培养学科核心素养，都是不同范围内"教学目标"的体现。教学目标是教学活动的出发点和落脚点，为了达到预设的目标，所有的教学环节都要围绕目标展开，并紧紧地逼近目标。因此，教学目标支配着教学的全过程，决定了教学活动是否取得成功，同时在整个教学过程中也起着导向作用。

在日常的教学活动中，经常会出现教师设置了教学目标，教学活动也预设得很严密，但是到课堂上授课时，却发现课上总会有一些"意外"出现，并没有完全按照预想的顺利进行，或者在评价学生的目标达成情况时，并未获得预期的结果，理想状态与现实教学总是事与愿违，究其原因还是教学目标的方向性和目的性不强。学生是独立的人，在学习过程中势必会产生自己的想法，同时由于一些外在因素的影响，教师组织的教学活动开始偏离教学目标，不再紧紧围绕教学目标展开，最终没有达到预想的效果，因此教学目标的导向作用就显得尤为关键。

教学目标的导向性不仅体现在教学目标对教学活动起到了"一指到底"的引导作用，为教学活动的开展提供明确的方向；还体现在对教学中的"无意义活动"起到了及时防范和纠错的重要作用，能有效地避免教学活动陷入盲目的状态，排除课堂上无关因素的干扰，确保课堂教学取得预期效果。经过实践，正向的教学目标能取得正向的教学效果，从而提高教学效率。

（二）评价功能

美国著名教育家本杰明·布鲁姆（Benjamin Bloom）曾经说过，有效的教学开始于准确知道期望达到的目标。科学的教学目标不仅能够让教师明确学生应该学什么，还能够帮助教师在教学活动结束之后评价学生学得如何、学到了怎样的程度。

由此可见，教学目标不仅仅是教学活动开展的依据，还是教学评价、教学测试的标准。所以，在设计教学目标时，要实现知识技能、数学思考、问题解决、情感态度、价值观的定位与组合。

（三）调控功能

教学目标对整个教学活动起着调控的作用。教师的调控与指导能使学生积极参与、合作探究、深度学习，得到真实而又成功的学习体验。在教学目标的引导下，教师能够较好地组织教学过程，能恰到好处地运用教学方法和教学媒体，并且在具体的教学实施过程中，能根据教学内容和学生的实际情况，将大目标转化为操作性较强的小目标，在教学活动的实施中，引导学生一步步靠近教学目标，从而有效地达成教学目标。

（四）激励功能

情感态度目标对知识与技能目标的达成起着催化与递进的作用。情感态度目标中常常包含着很多情感教育因素，而情感教育因素又往往能够转化为学生积极奋进的动力，能够激发学生学习数学的兴趣。

在教学"圆"的知识内容时，教师可以为学生讲解圆周率由来的小故事，这样既能增强数学学习的趣味性，又能培养学生献身科学的精神。基于这层思想，教师在设计教学目标时，必须积极挖掘包含在教学内容中的思想情感内容，不断激励学生、影响学生、熏陶学生、引导学生，促使他们产生积极的学习态度，自觉融入学习过程中，去探索、发现、思考，实现思维的进阶。

第二节 初中数学教学目标的确定

一、初中数学教学目标确定的要求

（一）体现核心素养的主要表现

教学目标的确定要充分考虑核心素养在初中数学教学过程中的形成。每一个特定的学习内容都具有培养相关核心素养的作用，要注重建立具体内容与核心素养主要表现的关联，在制订教学目标时将核心素养的主要表现体现在教学要求中。例如，在确定初中阶段"图形的性质"主题的教学目标时，要关注学生空间观念、几何直观、推理能力等核心素养的提高。

（二）处理好核心素养与"四基""四能"的关系

核心素养导向的初中数学教学目标是对基础知识、基本技能、基本思想和基本活动经验（简称"四基"），发现问题的能力、提出问题的能力、分析问题的能力和解决问题的能力（简称"四能"）教学目标的继承和发展。"四基""四能"是培养学生核心素养的有效载体，核心素养对"四基""四能"教学目标提出了更高要求。例如，要引导学生在发现问题、提出问题的同时，会用数学的眼光观察现实世界；在分析问题的同时，会用数学的思维思考现实世界；在用数学方法解决问题的过程中，会用数学的语言表达现实世界。

（三）体现整体性和阶段性

核心素养是在长期的教学过程中逐渐形成的，核心素养在不同学段的表现体现了核心素养阶段性和各阶段之间的一致性。要依据核心素养的内涵和不同学段的主要表现，结合具体的教学内容，全面分析主题、单元和课时的特征，基于主题、单元整体设计教学目标，围绕单元目标细化具体课时的教学目标。要充分发挥以核心素养为导向的初中数学教学目标对教学过程的指导作用，在实现知识进阶的同时，体现核心素养的进阶。

二、初中数学教学目标确定的原则

（一）全面性和系统性原则

全面性是指教学目标的制订要面向全体学生，促进学生的全面发展，促进学生掌握知识、形成技能、启迪智慧、完善人格。系统性是指教学目标必须与数学教材的编排体系相符，与教材的程度一致，主要涉及数学教学内容的逻辑连续性和整体性。

（二）科学性和准确性原则

科学性是指教学目标要符合数学学科的特点，抓住数学的本质；要符合学生的年龄特点和认知规律。准确性要求教师在制订教学目标时要把握好课程标准的要求，准确把握教学的梯度与难度，做好知识点的衔接。

（三）阶段性原则

数学学习讲究循序渐进，需要慢慢来提高学习效果，特别是教材中比较重要的知识点，如绝对值、函数的概念等，应该根据学生的年龄特点和认知水平，在不同阶段提出不同目标要求，避免教学中出现知识点要求偏高、偏低或前后脱节的情况。因此，教学目标的制订需梳理知识点呈现的先后顺序，厘清其联系和变化。

三、初中数学教学目标确定的三个要素

（一）课程理念

义务教育阶段初中数学课程要以习近平新时代中国特色社会主义思想为指导，落实立德树人根本任务，致力于实现义务教育阶段的培养目标，使得人人都能获得良好的数学教育，让不同的人在数学上得到不同的发展，逐步培养适应终身发展需要的核心素养。

1. 确立以核心素养为导向的课程目标

初中数学课程应使学生通过数学的学习，形成和发展面向未来社会和个人发展所需要的核心素养。核心素养是在数学学习过程中逐渐形成和发展的，不同学段的学生发展水平不同，同时核心素养也是制订课程目标的基本依据。

课程目标以学生发展为本，以核心素养为导向，进一步强调学生获得数学基础知识、基本技能、基本思想和基本活动经验，提高运用数学知识与方法发现问

题、提出问题、分析问题和解决问题的能力，形成正确的情感、态度和价值观。

2. 设计体现结构化特征的课程内容

初中数学课程内容是实现课程目标的重要载体。

（1）课程内容选择

保持相对稳定的学科体系，体现数学学科特征；关注数学学科发展前沿与数学文化，继承和弘扬中华优秀传统文化；与时俱进，反映现代科学技术与社会发展需要；符合学生的认知规律，有助于学生理解、掌握数学的基础知识和基本技能，形成数学基本思想，积累数学基本活动经验，发展核心素养。

（2）课程内容组织

重点是对内容进行结构化整合，探索发展学生核心素养的路径。重视数学结果的形成过程，处理好过程与结果的关系；重视数学内容的直观表述，处理好直观与抽象的关系；重视学生直接经验的形成，处理好直接经验与间接经验的关系。

（3）课程内容呈现

注重数学知识与方法的层次性和多样性，适当考虑跨学科主题学习；根据学生的年龄特征和认知规律，适当采取螺旋式的方式，适当体现选择性；逐渐拓展和加深课程内容，适应学生的发展需求。

3. 实施促进学生发展的教学活动

有效的教学活动是学生学和教师教的统一，学生是学习的主体，教师是学习的组织者、引导者与合作者。

学生的学习应是一个主动的过程，认真听讲、独立思考、动手实践、自主探索、合作交流等都是学习数学的重要方式。教学活动应注重启发式，激发学生的学习兴趣，引发学生积极思考，鼓励学生质疑问难，引导学生在真实情境中发现问题和提出问题，利用观察、猜测、实验、计算、推理、验证、数据分析、直观想象等方法分析问题和解决问题；促进学生理解和掌握数学的基础知识和基本技能，体会和运用数学的思想与方法，获得数学的基本活动经验；培养学生良好的学习习惯，形成积极的情感、态度和价值观，逐步形成核心素养。

4. 探索激励学习和改进教学的评价

评价不仅要关注学生的数学学习结果，还要关注学生的数学学习过程，激励学生学习，改进教师教学。通过学业质量标准的构建，融合"四基""四能"和核心素养的主要表现，形成阶段性评价的主要依据。采用多元的评价主体和多样的评价方式，鼓励学生自我监控学习的过程和结果。

5. 促进信息技术与数学课程融合

要促进信息技术与数学课程融合，合理利用现代信息技术，提供丰富的学习资源，设计生动的教学活动，促进数学教学方式方法的变革。在实际解决问题的过程中，应用创设合理的信息化学习环境来提升学生的探究热情，拓宽学生的视野，激发学生的想象力，提高学生的信息素养。

（二）教材的知识体系

一方面，要梳理章节、单元、全册或全套教材，通盘了解，基本了解本学科的体系和结构、知识的前后顺序、章节或单元目标和重点以及课时分配等，这对本学期的教学起到纵观全局的统领作用。

另一方面，要读懂教材，因为教材本身是按照课程目标编写的，它不仅提供了知识内容，还考虑了方法因素、情感因素和素养要求及过程设计。教师在使用教材时先要理解编者意图、深挖教材，从而确定教学重点、难点，避免"照本宣科"，做到"用教材教"，而不是"教教材"。

（三）学生的学习实际

学情分析是教师制订教学目标的重要根据之一。学情分析主要是根据课程目标和教材内容分析学生的认知基础。先分析学生已有的知识和技能以及在学习新知识时需要哪些知识和技能，同时还要了解学生的个体差异，为不同状态和不同层次的学生制订易于达成的目标，使教学目标更有针对性，真正做到"目中有人"。

四、初中数学教学目标确定的三个策略

（一）宏观方向：把握大概念，确立核心任务

许多人理解大概念的"大"似乎能包含许多内容，但在某种意义上而言又似乎是一种很模糊的概念，其实并非如此。美国著名课程理论专家格兰特·威金斯（Grant Wiggins）和杰·麦格泰（Jay McTighe）对大概念的具体内涵做了进一步的阐述，指出大概念是各种条理清晰关系的核心，即获取大概念的过程是一个逐渐趋向核心的过程，需要学生在探究与不断反思中获得，并且也是一个概念锚点，使得事实能够被更好地理解和有效地使用。

例如，数词可以用作表征不同数字的一种工具，在数学大概念中，用"整体化"来抽象概括，学习中学生碰到的"位值"，它所代表的含义让学生一时或许

很难准确地理解，但若能引导学生领会数学大概念"整体化"的含义，知道整体化不仅可以将对象写作数字的"整体"，还可以把数字作为集合的"整体"，知道了这一层含义，就能很好地理解"位值"的意义，帮助学生在面临数学问题时转化视角。

数学大概念是能够帮助学生解释（或衔接）过去学习的内容，理解当前的学习，并为未来的学习做准备的关键理论、关键数学思想与观念。数学大概念将知识连结成整体，具有促进迁移与联结、帮助整体理解的功能，如"图形抽象于现实"是初中图形与几何领域中的理解图形的重要大概念，它可以说明"三角形抽象于现实"，同样也可以说明初中学习的矩形、正方形、四边形、菱形以及一些不太熟悉图形的抽象性。又如"组成图形的元素决定图形的性质"是初中图形与几何中研究几何性质的重要大概念，其功能可以体现在全等三角形与平行四边形的联系中，"平行四边形可以由全等的三角形组成，也可以分成两个全等的三角形"。

数学大概念是更关键的、更具有统领作用或具有联结作用的数学思想与数学观念。如何在教学中确立好数学大概念是一线教师在实施大概念教学时面临的关键挑战，也是一个难点，值得教师反复地思考与讨论。

数学大概念的目标实现需要一步步地落实，从较大的教学主线到某一主题、再到某一单元，然后从这一单元到某一堂课，一般来说都需要确定相对应的大概念，即确立主线上的数学大概念，再确立单元的数学大概念，再确立课时的数学大概念。从总体上来看，实施的是单元整体教学，即从某一单元学习前就设计好这一单元中所有的课时设计，并且这一单元的设计是以数学大概念为主线的。通常来说，在做每一节课的教学设计时，都需要提炼出该节课所对应的课时大概念，也有一些特殊情况，有时课堂容量有限就难以在一节课中独立地输出一整个大概念，但可以根据课堂的情况进行相应的调整。

大概念视角下教学目标的设计是由数学大概念转化成适合教学使用的教学目标，参考了李刚、吕立杰[①]发表在《教育发展研究》的《落实学科核心素养：围绕学科大概念的课程转化设计》一文中提出的意义表征模式，意义表征模式是指教师以意义阐述的方式解构大概念，便于大概念融入教学目标设计的策略。意义视角的解读能帮助教师充分解读教学目标中各个知识所发挥的功能，也能帮助教师聚焦于大概念下目标设计的思考，使教学目标与大概念接轨，避免设计目标时出现程序化、机械化设计的现象。

---

① 李刚，吕立杰.落实学科核心素养：围绕学科大概念的课程转化设计 [J].教育发展研究，2020，40（增刊 2）：86-93.

意义表征重点在于对知识进行有意义的提炼、选择、表征。该意义表征的转化模式包括四个阶段：一是意义理解，教师首先需要确定大概念的形式义和本义；二是意义延续，教师延伸拓展大概念含义，如寻找出大概念与别的大概念之间的联系，这一阶段确定象征义、引申义；三是意义整合，顾名思义就是统整先前阶段的成果，并生成完整的结果；四是意义展现，根据以上的分析着手确立目标、活动设计。意义展现阶段与生成的目标有一定的重合，且意义整合阶段相对意义延伸阶段来说加工程度较小，出于意义表征模式希望尽可能地融入初中教学设计模板的目的，所以要将其在设计模板上呈现出一个更加简洁清晰的设计框架，因此对该意义表征策略做了进一步的修改。其中，在收集阶段首先确定大概念的形式义，即从教材、课程标准中提取出本节课内容的核心概念（引导学生认识数学大概念的动名词），这是数学大概念与本节课知识的连接点。其次确定复合引申义，即将核心概念进行延伸、横纵拓展，使其靠近数学大概念，如从知识内部以及与外部的联系挖掘知识蕴含的基本理论知识、数学观念等，把握整体知识与部分知识及其关系，和内部知识与外部知识及其关系，并将其组织成本节课以核心概念为中心的数学知识结构的轮廓。最后生成本节课的教学目标，尽管大概念收集阶段已经确立了一个在逻辑上较为精准的数学知识结构，但并不能完全代表教学目标，因为数学教学的主体是学生，所以要围绕学生，要考虑学生现有的学习水平，因而也就有了目标生成阶段，在该阶段应当结合学生的认知情况与教学现实，在大概念的基础上设计一个合适、合理的课堂教学目标。

通过这个目标转化步骤，一是能够通过意义表征的过程使大概念下教学目标的设计更加系统、规范，使教师在目标设计时有路可走，为后续开展大概念教学指明方向；二是能够帮助教师更清晰数学大概念在课堂教学中的切入点，能为教学实施做好铺垫，以设定好的目标指导开展后续课堂教学，也能将意义层次的大概念理念融入课堂。

（二）中观设计：制订单元教学目标，建构知识网图

1.单元教学目标设计的特点

（1）整体关联性

整体关联性是单元教学目标设计的本质特征。主要体现在：①知识内容的整体性。单元教学目标设计将知识联系起来，使学生建立起适合自身的认知结构系统，提升学生的思维能力；②教学过程的整体性。数学单元教学目标设计要统筹教学环节和教学内容，并在整体中不断发展。

（2）动态发展性

动态发展性是单元教学目标设计的重要特征。主要体现在以下两方面：①单元教学设计采用的是教学评一体化，在设置教学目标时就设置了评价证据，整个教学设计会根据学生的反应不断进行修改与完善；②单元教学设计结束后，整个备课团队也会不断进行讨论与反思。

（3）创造重构性

创造重构性是单元教学目标设计的内部特征。其创造性主要体现在单元的选取、大概念的提炼、课时的划分、课时之间的联系等，这是需要教师根据自身的理解以及学生的知识结构创造的，并不是现有的。其重构性主要体现在进行单元设计时并不一定按照教材的顺序进行，有些有联系的知识需要教师进行重构，从而使教学设计更好地为学生服务。单元教学目标设计的创造重构性也是促进教师专业发展的动力。

2. 单元教学目标设计的意义

（1）学生方面

单元教学目标设计可以培养学生的结构化思维，帮助学生完成知识的迁移，最终落实核心素养。在学习过程中，学生的思维有直线型思维、平面型思维、结构化思维等几种类型。直线型思维的学生思考问题容易形成思维定式，认识的广度和深度都有很大的局限。平面型思维的学生知识面宽，思路开阔，能够纵横思考，但缺少深度。而结构化思维的学生在解决问题时能够站在整体的角度上，全面完整地对问题进行系统的思考和解决。单元教学设计正是通过培养学生的这种结构化思维，提高学生的问题解决能力、不同情境下的迁移能力和系统整体看待问题的能力。

（2）教师方面

一方面，单元教学目标设计的过程可以使原来的"死教材"变成"活课程"，使教师由"教材的使用者"转变为"课程的开发者"，让教师在自我发展、专业引领和同伴互助三方面成长，培养教师教学研究的意识，促进教师的专业发展。因为当前部分教师虽然知道教材内容有哪些，但并不了解教材编排的意图，也无法从整体的角度看待章节与章节的联系，这就给教学带来了很大的困难，也不利于数学核心素养的落实。而单元教学目标设计就可以帮助教师加深对教材和知识的理解，真正地从数学本质出发来理解教学。

另一方面，从教师备课角度来看，现在的集体备课虽然是很多教师参与，但是进行教学设计时往往以一个人为主，其他人来提意见。所以，对于单元教学目标设计来说，可以由经验丰富的教师主导确定单元教学目标设计的主线和思路，然后由其他教师共同参与，来进行课时教学目标设计，这样可以提高教师参与教学研究活动的积极性。

（3）课程方面

单元教学目标设计可以提高教学的效率。关于"有效教学"这一研究内容中也有这样的观点：割裂整体，从局部去考虑效率、效果和效益，这样极易出现偏差。而以系统的整体、联系、动态和最佳等基本观点为指导，思考上述问题，才能实现真正意义上的有效率。教师从更高的角度去看，就可以将单元内的各个课时进行统筹规划，对于研究思路、方法相同的课时内容可以选择先详讲后略讲，让学生自己去迁移，这样会节省出一部分时间，教师可以根据实际情况进行拓展内容的讲解。

3. 初中数学单元教学目标的制订

恰当的教学目标在整个数学教学设计的过程中起着举足轻重的纲要导向作用。教师应该站在"高观点"下，从更为系统、全面的立场来制订单元教学目标。单元教学目标是在分析单元教学要素的基础之上进行的教育思考和判断，充分体现了教师的教学经验，是教师反思学生经常出现的错误之后的教育决策和行动。制订单元教学目标是设计单元教学过程的依据，也是单元教学设计的核心。因此，单元教学目标的确定与细化表述是单元教学设计环节中的重中之重。

单元教学目标是为了明确学生在学习本单元内容之后，预期能够达到的学习结果和要求。因此，在制订单元教学目标时，要明确其行为主体是学生而非教师。而为了突出教学目标描述的是学生的行为而非教师的行为，教学目标写法的规范开头应该是"学生能……""学生会……"，而不是"使学生……""教会学生……"。

在单元教学目标的具体制订过程中，需要注意以下几点。

首先，要符合层次性的原则。教学目标的制订应体现了解、理解、掌握、灵活运用等不同层次的认知水平要求。在单元教学设计中，既要制订单元教学目标，也要制订课时教学目标。在制订目标的过程中，要充分体现单元教学目标对本单元的统领作用。单元教学目标要突出单元重点内容，坚持"立德树人"的育人思想，实现教学目标由传统的"三维目标"向学科核心素养的转变。由于单元教学目标的实现是通过课时教学目标的累计完成的。教师就必须要从整体出发，按照"单元—课时"的顺序分解目标，设计课时教学目标，让单元教学目标一步步达成，做到单元教学目标与课时教学目标的统一，让课时教学目标服务于单元教学目标。

其次，要符合具体性的原则。单元教学目标的制订需要以课程标准为纲，基于教材及实际学情而生成，说明学生在本单元通过什么途径和方法进行学习，期待学生学会什么以及学到什么程度。也就是说，教学目标必须是可观察、可测评的。要具体明确学生对知识的理解掌握程度以及运用知识的水平，切不可泛泛地用"理解……""掌握……"等来描述。

再次，要符合全面性的原则。教学目标既应该包括对具体的数学概念、定理等知识的理解掌握程度的直接要求，也应该包括对学生数学素养、能力、情感、态度、价值观等方面的间接要求。

最后，要符合重点突出的原则。在整个单元的学习中，必定会包含很多知识点，这就需要制订很多教学目标，这时就需要教师对各种目标进行分析权衡，确定本单元的主要教学目标，并让其他教学目标尽可能地围绕主要教学目标进行设计，以突出重点。

（三）微观设计：定位课时教学目标，指导科学教学

要培养学生的数学核心素养，教师应学会将教学目标设计转向基于数学核心素养的设计，定位核心素养下的课时教学目标，并准确把握教学目标的合理性、分类的恰当性等，具体有如下两个方面。

其一，从培养数学核心素养的层面进行目标设计需要教师关注学生在数学思维能力、学习技能等方面的训练，因此目标的设计要体现思维、关键能力的培养。课时教学目标所要落实的核心素养要与单元教学目标具有一致性，设计时在单元教学目标统领下转换为更加具有可操作性的课时教学目标。在目标的表述上，要用"主体＋行为条件＋行为行动＋行为结果"全面而清晰地表达目标。

其二，关注所制订目标的科学合理性。制订教学目标时需要站在学生原有的素养水平上确保目标定位的准确性，以此帮助教师清楚地了解内隐于教学目标中可能培养的素养与学生认知过程的关系。盲目制订要求过高的目标不利于学生对知识的应用（迁移）与数感培养，会加重学生的学习困难和学习负担。

因此，课时教学目标的制订应基于苏联心理学家维果茨基（Vygotsky）的"最近发展区"理论，并应根据学生的认知规律把控目标难度。同时，目标的顺序设计也应符合学生的认知逻辑。

第三节　初中数学教学目标的表述

一、义务教育阶段数学教学总目标

通过义务教育阶段的数学学习，学生将逐步会用数学的眼光观察现实世界，会用数学的思维思考现实世界，会用数学的语言表达现实世界（简称"三会"）。学生能做到以下三点。

①获得适应未来生活和进一步发展所必需的数学基础知识、基本技能、基本思想、基本活动经验。

②体会数学知识之间、数学与其他学科之间、数学与生活之间的联系，在探索真实情境所蕴含的关系中，发现问题和提出问题，运用数学和其他学科的知识与方法分析问题和解决问题。

③对数学具有好奇心和求知欲，了解数学的价值，欣赏数学美，提高学习数学的兴趣，建立学好数学的信心，养成良好的学习习惯，形成质疑问难、自我反思和勇于探索的科学精神。

二、义务教育阶段初中数学教学目标

义务教育阶段初中数学教学目标包括经历有理数、实数的形成过程，初步理解数域扩充；掌握数与式的运算，能够解释运算结果的意义；会用代数式、方程、不等式、函数等描述现实问题中的数量关系和变化规律，形成合适的运算思路以解决问题；形成抽象能力、模型观念，进一步发展运算能力。经历探索图形特征的过程，建立基本的几何概念；通过尺规作图等直观操作的方法，理解平面图形的性质与关系；掌握基本的几何证明方法；知道平移、旋转和轴对称的基本特征，理解相关概念；认识平面直角坐标系，能够通过平面直角坐标系描述图形的位置与运动；形成推理能力，发展空间观念和几何直观。掌握数据收集与整理的基本方法，理解随机现象；探索利用统计图表表示数据的方法，理解各种统计图表的功能；经历利用样本推断总体的过程，能够计算平均数、方差、四分位数等基本统计量，了解频数、频率和概率的意义；形成数据观念、模型观念和推理能力。在项目学习中，综合运用数学和其他学科知识与方法解决问题，积累数学活动经验，发展核心素养。

　　探索在不同的情境中从数学的角度发现和提出问题，综合运用数学和其他学科的知识从不同的角度寻求分析问题和解决问题的方法，能运用几何直观、逻辑推理等方法解决问题，形成模型观念和数据观念。在与他人合作交流解决问题的过程中，能够严谨、准确地表达自己的观点，并能较好地理解他人的思考方法和结论。能够回顾解决问题的思考过程，反思解决问题的方法和结论，形成批判性思维和创新意识。

　　关注社会生活中与数学相关的信息，主动参与数学活动；在解决数学问题的过程中，能够克服困难，树立学好数学的信心，感受数学在实际生活中的应用，体会数学的价值，欣赏并尝试创造数学美；养成认真勤奋、独立思考、合作交流、反思质疑的学习习惯。

第四章 初中数学教学模式

初中数学是课程体系中的一门重要学科，对培养学生严密的逻辑思维有着不可忽视的作用，学好这门课程也是帮助学生提高综合成绩的关键步骤。新教学模式的建设是初中数学教学中的一个新尝试。相比传统教学，新教学模式更强调学生智慧的启发，强调教师智慧的释放，从而实现教学效率的提升。本章分为初中数学自主学习教学模式、初中数学翻转课堂教学模式、初中数学合作学习教学模式、初中数学探究式教学模式、初中数学支架式教学模式五部分。

第一节 初中数学自主学习教学模式

一、自主学习教学模式概述

（一）自主学习的起源与内涵

1. 自主学习的起源

在中国古代教育思想中，孔子提出："不愤不启，不悱不发。举一隅不以三隅反，则不复也。"这种启发式的教学方法反映出孔子在教学过程中重视学生的主体性，强调学生在学习过程中要自己去体验与领会。古希腊时期的教育家苏格拉底（Socrates）的"产婆术"认为，教学要调动学生学习的积极性，让他们自己去寻找问题的答案，使其内在的知识得以表露。此后，国内外许多教育家的教育理论都涉及自主学习的思想，他们认为教学就是要调动学生的学习主动性，引导他们独立自主地思考与探索，自觉地掌握知识，从而构建出自己的知识体系。直到1971年，"自主学习"一词才第一次被正式提出，一个现代语言研究项目将自主学习引入了语言教学。其后，该项目的第二代负责人、西方语言学界专家亨利·霍尔克（Henri Holec）发表了一篇极具影响力的论文，该论文所论述的"综合教学法"开启了教育界对"自主学习"研究的先河,此后,"自主学习"一词就成为教育研究的热门关键词,直至今日,其仍然是教育教学实践与教育教学研究的热点话题。

在国外自主学习研究的兴起之初,研究的主要内容集中在对"自主学习"一词的概念界定,以及利用自主学习培养学生独立能力与自主学习能力的实践研究方面。而从 20 世纪 90 年代起,国外的教育研究者开始在自主学习的理论依据、实施策略、实践结果的研究基础之上着眼于从心理、政治文化等方面探讨如何促进学习者自主学习,并强调促进学习者社会化学习和合作学习的重要性。我国对于自主学习的研究始于 20 世纪 90 年代,1991 年至 2000 年为初期阶段,从 2001年起为发展阶段,而在新课程改革对自主学习大力倡导之后,关于自主学习的研究与实践在我国进入蓬勃发展阶段,地方各级院校都掀起了关于自主学习模式教学改革的浪潮。

2. 自主学习的内涵

自主学习作为教育教学实践与研究领域的一个热点研究问题,有大量学者在研究过程中对其进行概念界定。美国成人教育学家马尔科姆·诺尔斯(Malcolm Knowles)认为,自主学习就是学习者在独立自主的学习环境中或者在有他人帮助的条件下,能够主动判断自己的学习需求,合理设置自己的学习目标,能够识别学习资源、应用适合于自己的学习策略,并且对自己的学习结果进行评价的学习过程,主要强调教与学的过程特征。美国教育家布罗克特(Brockett)提出了以个体责任为取向的自主学习模型:模型的第一维度指学习者承担学习的计划、实施、评价学习主要责任的过程;第二维度指学习者承担学习责任的自我意愿与偏好。因此,自主学习就是学习者承担学习经历主要责任的外部特征和内部特征,此种自主学习的内涵主要考虑了学生进行自主学习的心理特征。此外,在自主学习实践与研究的过程中,自主学习的内涵也有狭义与广义之分,狭义的自主学习指学生在教师的指导下,通过教师创设的能动的、创设性的学习活动实现自主性学习与发展,此概念更多地适用于学校的教学活动中。广义的自主学习概念指人通过多种手段与途径,进行有目的、有选择的学习活动,进而实现自主性发展,更多地强调生活中自主学习品质的养成。

在当前,学校自主学习教育教学改革的过程中使用的自主学习指导思想大多为狭义的自主学习内涵,强调在实施过程中要以教师的科学指导为主导,将教学过程的主体由教师转向为学生,把学生能动的、创造性的学习作为教育教学活动的中心，同时也作为教育的基本方式与途径，而教学活动的目的则是指向学生的自主性发展，因为其也是教育活动的本质要求。

（二）自主学习教学模式的概念

自主学习教学模式是在学生自主学习过程中发展学生自主学习意识与能力的现代教育教学改革的产物，此教学模式以学生为教育教学的主体，为提高学生的自主学习能力，在教学过程中注重激发学生学习的积极主动性，首先通过教师布置学习任务来引导学生对自主学习材料进行独立自主的学习与思考，其次学生针对学习任务与学习小组成员交流与探讨，最后进行学习成果的展示及学生之间和教师对学生的学习成果评价。在此过程中，学生自己设立学习目标，自主选择学习方法，自主构建知识体系，自主调节学习状态，在自主预习中提高搜集与处理信息的能力，在小组成员讨论中获得交流与合作的能力，在知识体系建构过程中提升获取新知识的能力，在问题探讨过程中培养分析问题、解决问题的能力，最终形成自主学习的品格。

（三）自主学习教学模式的特征

1. 自立性

任何一个学习者都有独立的人格，学习是自己的任务，是其他人无法代替的。"自立性"有五个含义，分别是独立的主体、独立的认知结构、对知识的渴望、一定的学习潜力、自主能力，彼此联系又高度统一。

独立的认知结构、对知识的渴望、一定的学习潜力、一定的自主能力是每个学习者都必须具备的，"自主学习"的接收者是独立的主体，"自主学习"的根基是独立的认知结构，"自主学习"的原始动力是对独立的渴望，在原始动力的基础上，还需要一定的学习潜力和自主能力。

由此看来，自主学习的先决条件和灵魂是自立性，是每个学习者必须具备的，也是任何一个学习过程都不能缺失的。

2. 自为性

学习是每个独立的学习个体生命中不可缺失的一部分，是在自立基础上的拓展，它包含四个结构关系。

①自我探索。它的实质是好奇心驱动下的自我探索、求知，是学习者获取知识的途径之一。

②自我选择。它是学习者对外部信息的选择，一旦外部信息与学习者的需要

达成一致，就会引起学习者的注意，被学习者认同，纳入学习者自己的认知范畴，是自我学习的主要体现。

③自我建构。它是对新知识的形成和构建过程，同时也需要对原有知识重新组合和重新改造，在学习者头脑里对新旧知识重新整合、提炼、完善，这不仅保留了原有知识，也实现了在此基础上的升华和超越。

④自我创造。它是在建构知识基础上的进一步创造，是更高水平的展现，学习者根据自我浓厚的学习需求，从事物的客观发展规律出发，在真理性知识的基础上，知识被激活、信息被重组，从而创造出用理论指导实践的理念模式。

从探索到选择，到建构再到自我创造，是学习者获得知识的一般途径，也是其成长的必经过程，可以这么认为，自我学习是学习者自我塑造、发展、充实、超越原有知识的过程。

3. 自律性

自律性表现为学习者在学习过程中的自我监督、约束。自觉性是自律性的内在体现，只有学习者充分醒悟，明确了为什么学习、学习的意义，才能监督自己锲而不舍、有始有终地学习。积极主动地学习是自律性的外在体现，这样学习者的潜力才能被充分地调动起来，从而实现学习目标。一个自律性强的人一定是责任感极强的人，他以对社会的使命感、责任感为基础，积极主动地探索、选择、建构、创造知识，以实现自我价值、理想。

由此可见，学习者要以自立性为前提、自为性为本质、自律性为保障，这样才能主宰学习，成为学习的管理者，不断地进步、提升、超越自我，获得终身学习的能力，成为国家创新型人才的后备军。从教学角度来说，新课程改革的根本目标也是培养学生的自主学习能力。

二、初中数学自主学习教学模式的应用价值

（一）培养学生学习的独立性

使学生能够在学习中发挥独立性是初中数学自主学习的特点之一，相对于传统依靠教师灌输知识的被动性学习方式而言，学习的独立性要求学生作为课堂中的主人翁，能够根据实际情况制订适合自己的学习计划，激发出对于数学的学习兴趣；对于教师而言，需要改变传统的应试教育模式，在教学中以辅助者的姿态引导学生学习，重视学生的感受和过程，并能够根据自身特点创建新型教学模式，提高学生对于学习初中数学的积极性。

（二）培养学生良好学习习惯

对于初中生来说，自主学习法能培养良好的学习习惯，显著地提高学习的效率与学习效果，并能够降低学习难度，使学习更加轻松，激发出学生的学习兴趣。在学生应用自主学习法时，教师最好对学生各环节的学习给予有针对性的、个性化的指导，这样不仅能够帮助学生养成良好的学习习惯，还可以激发学生主动参与学习活动的积极性，进而有效提高学生自主学习的能力。在学生养成良好学习习惯后，初中数学课堂教学的效率将得到显著提高。

（三）提升学生综合素质能力

我国传统的初中数学教育教学理念过于看重学生数学成绩的提高，采用的教学方法与教学模式在一定程度上忽视了学生综合能力素质的培养，学生仅仅学会了如何做题、如何提高自身的数学成绩，并未真正掌握数学课本中的内涵与核心知识内容，也并未形成正确的数学思维与逻辑思维，没有帮助学生养成良好科学的学习方法和学习习惯。在初中数学课堂教学中，教师要积极引导和鼓励学生参与自主学习，这样才能够培养学生的自学能力，强化学生的思考能力，并在一定程度上开阔学生的思维，打破传统思维限制，推动学生综合素质能力水平的提高。

三、初中数学自主学习教学模式的应用策略

（一）引导学生设立目标，鼓励学生自我记录

1.师生合作设立目标

初中生在设置目标上存在进步空间。首先，部分同学忽视了目标设立的重要性；其次，有些学生容易将目标设定过高，在目标的具体性和可行性方面，需提升；最后，学生对自身的认识难免有局限，需要兼听则明，同时在教师的帮助下，学生对自身的认识将更全面。

教师与学生讨论目标的设立时，要先听听学生的想法，激发学生的目标意识，再引导学生，帮助学生将大目标分解为多个小目标。这些目标应是学生通过自身努力可以完成的。通过完成一个个小的数学学习任务，学生能积累成功经验，增强数学学习的信心，提升自我效能感。

2.鼓励学生记录自己的学习情况

自我监控的观点认为假若学生自己记录相关行为，那他们会朝着预期的方向改变。教师可鼓励学生记录一段时间内的学习情况，例如，是否树立了具有可行

性的目标，是否存在未明白的知识点，是否完成了学习内容。教师还可以鼓励学生记录下疑问之处、错题、重要习题等，这样既能驱动思考，又能促进知识掌握。教师还可以向学生提供类似"数学自主学习回顾单"的辅助工具，为学生提供回顾指引。

（二）优化课堂形式，合理利用资源

人本主义心理学家认为，教育的宗旨和目标应该是促进人的变化和成长，培养能够适应变化和成长的人，即培养学会学习的人。在教学过程中，教师面对的学生是具有独立思维能力的个体，每一个个体都有发展的可能性，面对这些个体，如果仅依靠教师的指导，学生的学习主动性并不能被很好地激发。在传统的初中数学课堂上，教师占据着主体地位，在这种情境中，学生很容易产生依赖心理，而依赖心理的产生又会对学生的自主学习能力产生消极影响。美国心理学家卡尔·罗杰斯（Carl Rogers）曾指出学生习得的经验与知识应该在实践过程中获取，相较于教师的全程传授，在实践和探索的过程中学生探索到的知识会更加牢固。由此可见，优化传统的课堂形式是非常有必要的，教师可以在教学过程中着重讲解基础内容，在基础内容讲解完毕后，引导学生自己去解决有难度系数的习题或内容，这一期间可以允许学生自己探索或结组讨论，在探索、讨论完毕后，检查学生的学习状况，详细地为学生解答较难的内容，这样才能更好地提高学生的自主学习水平。

（三）把握学生类型特征，留意学生类型转化

1.把握学生类型特征，因材施教

对于信念型学生，他们大多具备良好的自主学习状态，表现出对数学学科学习的认同与自信，在学习策略上表现较好，教师可以帮助他们维持这样的状态。

对于一般动机型学生，他们在学习策略上较少使用信息加工和复习策略，但是在态度管理、专心程度、处理要点方面表现较好。此类型初中生对数学学习的主动性不高，但能投入数学学习，完成要求的数学任务。他们的薄弱之处在于学习动机并不明显，教师可鼓励他们树立切实可行的目标。

对于焦虑型学生，他们对数学学习表现出较大的焦虑与无措。他们有较高的考试焦虑，在诸多方面表现较弱。已有研究表明，数学焦虑多显现于初中早期学生解决较难的题目时，焦虑会干扰认知任务的完成，减少用于学习的记忆容量。所以，想减少焦虑对认知任务的干扰，就需要学生正确处理在数学学习中遇到的

挫折。教师可以鼓励他们用积极的眼光看待挫折，用正确的方法处理挫折，同时树立恰当的目标，指导他们使用适宜的学习方法，帮助他们积累成功经验。

对于态度敷衍型学生，他们常未给数学学习留置足够时间，在态度管理方面较弱，可能会出现不按时交作业的情况，对于这样的学生，教师可以帮助他们树立正确的学习观。

2. 考虑环境变化，留意学生类型的转化

如果学生判断自己的实际行为未达到设定标准，会产生以下三种典型反应：一是全然消极的自我反应，个体感到沮丧陷入自责，挫伤自尊，甚至陷入消沉；二是在反省基础上改进行为，以期达到标准；三是重新降低标准，避免挫折产生。

随着课业的增加，数学学习中的挫折是无法避免的，不同的看待方式产生不同的处理方式。对于此，教师可引导学生正确看待挫折，时常提醒学生，让学生意识到自己正选择用哪种方式来面对失败，当学生使用积极的方式时，教师可以肯定、鼓励他们的行为，使他们更倾向于用积极的方式处理挫折。

教师要留意学生数学自主学习类型的转变。随着环境的变化，特别是升学考的临近和课业难度的增加，一般动机型学生有转化为焦虑型和态度敷衍型学生的倾向，这还需要教师提供及时的帮助与引导。

（四）注重学习方法讲授，创造自主学习条件

1. 结合学习内容，传授具体学习方法

研究显示，初中生在复习策略上存在不足。教师可以结合具体的学科知识，加强复习方法的指导，让学生掌握复习的方法，培养学生及时复习的意识。例如，在单元复习时，教师可以让学生在白纸上凭记忆写下单元中的各节内容标题，再写下各节中的知识点，然后翻回课本。待查漏补缺后，再凭记忆，将遗漏的知识写好，把写错的知识点修改好。如此一来，学生不仅复习了本单元的知识，在脑海中形成了清晰的知识结构，还学会了一种高效的复习方法。通过教师指导下的多次实践，学生将逐渐熟练，甚至能独立运用此策略进行自主学习。

学生自主学习策略的掌握主要有以下三种途径：一是观察模仿，二是专门学习，三是自我实验。其中能最快帮助学生掌握自主学习策略的是专门学习。"巧妇难为无米之炊"，如若学生想要解决一个他不知道该采取何种策略的数学任务，那他也难以通过自我反思来发现它们，因此也不会从自我监控中受益，所以教师要重视学生对方法的掌握情况。

2.创造适宜条件，为学生提供机会

教师可以创设支持学生自主学习的课堂环境，如"三三六"自主学习教学模式，又如利用导学案推动学生自主学习。

除此之外，教师需要把控作业的质量和数量，避免过多的作业挤压学生自主学习的空间。实际中，有部分学生疲于应付作业，没时间去好好处理作业中出现的错题，长此以往，问题将如雪球般越滚越大。对此，教师可适当调整作业内容，为学生的自我反思留出空间。

（五）加强学生自主学习意识与习惯培养

从众多初中生数学自学的实践成果来看，很多学生在自主学习中并非不会做题、复习功课，而是不知道如何做计划，不懂得如何既节约时间又有效地吃透课本。有的学生则是盲目崇拜教师、迷信课本，认为教师讲过的就是对的，课本中没有写的就是错误的。因此，要想让学生真正成为学习的主人，从"要学"转为"会学"且"学会"，就需要教师改变学生盲从、无意识、无据可循的状态。在学生逐步具有自主学习的意识、习惯后，教师可以从学生自主学习技巧、方法、能力层面入手，有针对性地培养学生的怀疑精神、批判精神、创新精神、自我表达意识、实践精神等，让学生敢于尝试，敢于质疑，敢于实践验证，敢于推翻自我，敢于表达，让学生的学习不再受制于课本或者教师思维。如此，学生的自主学习才能有自己的特色，学生才能找到适合自己的自学之路。

第二节　初中数学翻转课堂教学模式

一、翻转课堂教学模式概述

（一）翻转课堂教学模式的定义

翻转课堂教学模式缺少官方的概念定义，且随着时间的推进不同学者对翻转课堂教学模式的研究方向各不相同，进而产生形式各异的解读。美国教育工作者萨尔曼·可汗（Salman Khan）提出，翻转课堂是让学生按照自己的时间与方法在家中听课，在课堂上与教师和同学一起解决疑问，将知识内化放在了课堂上而非传统课堂的课后练习与复习上。

美国教育学家乔纳森·伯格曼（Jonathan Bergmann）对于翻转课堂的定义是，

翻转课堂是一种自由性很高的教学环境,在此环境下的学生可以得到个性化教育。学生在翻转课堂中对自己的学习方法与效果负责,从而课堂积极性也会得到相应的提高;讲台不再是教师的一言堂,而是学生自主学习的自由发挥地;翻转课堂还能使课堂上的教学内容以视频的方式保存,学生可随时根据自己的情况进行复习,使因事请假而到不了学校的学生能在校外学习。

而随着翻转课堂教学模式的不断进步与发展,翻转课堂教学模式的概念也发生了变化,是指将传统的课堂环节进行翻转,使学生与教师角色进行互换,以达到学生主动践行的教学效果。翻转课堂教学模式主要包括以下三个阶段:课前自主学习阶段,教师通过布置微课与学习资料,学生进行自主学习与思考;课中合作学习阶段,教师通过各种教学方法与活动增加学生的学习积极性,使学生充分参与学习这一过程,进而主动进行学习与知识的内化;课后评价反馈阶段,教师对学生的学习成果进行反馈评价,重点解决疑点难点,使学生更好地掌握知识。

（二）翻转课堂教学模式的特点

1. 师生课堂地位互相转变

在传统课堂中,教师占据主动地位,一味讲授知识,学生只能被动接受知识,这样的教学形式会降低学生的积极性,学生的学习效率也会变低。而翻转课堂教学则是给教师一个促进学生学习的机会,学生也迎来一个从知识的被动接受者到课堂主导者的机会。教师不再像原来在课堂上传授知识,而是提前对学习资源进行整理,然后传递给学生,学生结合学习任务独立学习,教师不仅承担辅助学生解决疑难问题的角色,同时也是帮助学生促进知识内化与提高学习能力的角色。

2. 创新教学流程

翻转课堂与传统课堂的不同之处主要有两点:最初由教师把课前学习资源或者资源链接传送给学生,学生选择自主学习的方式去汲取知识,了解学习资源的同时将不理解的问题标记下来,这是先学后教的过程;课中由学生进行知识汇报,由教师进行难题解答,教师带领学生回忆课前所学内容,组织小组同学讨论,教师总结知识重点与难点。

这种翻转的授课方式创新了教学过程,给知识的内化提供了新渠道,锻炼了学生的自主学习能力,提高了学生的学习兴趣,还加强了教师与学生的交流。学习视频或课件还可以反复播放,可以对课上没听懂的学生起到查漏补缺的作用,能够进一步提高学生的学习效率。虽然翻转课堂与传统课堂存在不同之处,但二者并不是简单调换一下学习顺序,其中学习方式与授课方式都会发生一定的变化,如表4-1所示。

表 4-1 "传统课堂"与"翻转课堂"特点对比

项目	传统课堂	翻转课堂
教师	传授知识、管理学生	促进学习、辅助指导
学生	被动接受	主动吸收
学习方式	课中讲解,课后复习	课前自学,课中探究复习
授课方式	讲授、传播	完成任务、讨论交流
学习环境	课堂	线上平台、课堂
评价方式	试卷类纸质评价	综合评价

3.优化教学理念

传统课堂基本是教师主导,以填鸭式灌输的教学方法为主,学生感到疲倦的同时教师也会出现倦怠感。在传统课堂上,教师扮演的角色类似于教学机器人,采用机械式教学方法,学生一味被动接受,导致师生配合程度较低,学习效率不高。而在翻转课堂上,教师的倦怠感与精神压力有所降低,教师不只是课本知识的搬运工,更多地要去发挥课堂活动的组织及小组交流讨论的监督者作用,以及在学生遇到困难时给予指导的作用。在翻转课堂进入我国以来,随着实验研究的不断深入,教师也找到了翻转课堂的核心即锻炼学生深度学习与自主学习的能力,这就要求优化教师的教学理念,转变传统的教师讲授、学生被动吸收知识的教学思想。

翻转课堂是一种新型的教学模式,教学流程的重新规划并不是其关键,最重要的是更新了教学理念,教师要树立以学生为主体的教学思想。

(三)翻转课堂教学模式的实施流程

翻转课堂教学模式的实施主要分为以下三个阶段。

1.课前阶段

教师根据课程内容与教学目标通过网络搜集相关教学资源或者自己制作教学视频或课件与自主学习计划表,然后通过网络平台或微信、QQ上传班级群文件供学生下载观看。学生的学习顺序是,首先通过网络观看学习资源;其次,按照计划表的顺序来探索学习目标和内容；最后完成学习任务。

2.课中阶段

（1）提问测试

提问测试是以课本知识与自主学习任务为基础，对多数学生存在的疑难问题进行提问。问题设计要全面、具体，并有针对性，问题设计出发点就是测试学生对课程知识的理解，问题难易程度尽量符合学生的"最近发展区"，这样可以帮助学生更好地理解课本内容。

（2）讨论交流

教师引出问题，然后分配任务并安排小组探究。各小组进行头脑风暴，最终解决问题。小组展示结果的评价仍需要教师负责，并且要具有针对性，如果小组没有解决问题，最终由教师负责解疑扩展。

（3）巩固提高

教师通过案例或者试题去检查学生的学习效果，学生可以巩固这堂课所学的内容，并给予教师提高把控学生对知识点掌握程度的能力的机会，以便教师更好地进行教学计划与进度的调整。

3.课后阶段

课堂结束后，教师通过课堂交流反馈知识点测试情况并对教学计划进行调整，布置扩展任务，并发布下节课的学习任务。学生可以复习旧课知识，相互答疑解惑，也可以预习下节课的内容。

翻转课堂的教学流程大致就是通过教师提供的学习资源，学生通过手机、电脑在家或课下去观看并攻克学习任务，遇到问题就记录下来。课上通过教师讲解及小组讨论交流等教学活动，使知识得到巩固内化，并转变传统教学的师生角色，以此调动学生的学习积极性，从而提高学生的学习效率。

（四）翻转课堂教学模式实施的条件

1.有效的预习任务

实施翻转课堂的一个重要步骤与先决条件就是预习任务。任务的完成水平对翻转课堂的后续环节有重要影响，因此是否具有高质量的预习任务对翻转课堂来说很重要。从教师角度来看，检验学生的学习态度与自主学习能力的关键在于优秀的预习任务。预习任务设置的关键在于能否培养学生的自主学习习惯以及反馈学生的学习能力水平，在预习阶段不宜布置较为困难的学习任务，这个时候学生对课本知识的理解程度不深，不具备对学科知识的深度理解，应该让学生更加关注知识与逻辑思维的联系。

2. 高质量的学习资源

翻转课堂的要点就在于颠倒传统的师生角色，学生课前学习情况的好坏就在于教师提供的学习资源质量。没有具体的课程目标和学习任务，教师无法制作或搜集整理高质量的学习资源。例如，针对理论性知识，教师可以通过图片、影像等来转变学生对此类知识死记硬背的习惯，提供相应的启发性资源，如动画视频、名词解释框架图、新闻图片等。针对程序化类内容，教师应该进行更多的演示示范，让学生能够自己联系，如实践流程图、操作动画等。

3. 教师应具备信息化处理能力

翻转课堂的两个重要阶段：课前与课中。学生在课前阶段需要借助网络或信息设备观看学习资源，而学习视频与其他学习资源都需要在网络上搜集整理或者制作，这对教师的信息化处理能力有一定的要求。具备一定的信息化处理能力是设计学习资源的必要前提，这对初中数学教师提出了新要求。

4. 教师应有很强的课堂把控能力

翻转课堂颠倒了师生的角色地位，给了学生极大的自主性，但是这需要教师对于整个课堂教学阶段以及学生活动过程有很强的把控能力，包括对教学计划各部分的时间安排、小组活动纪律、学生积极程度、评价手段、教学方法等多方面的把控。这对教师的教学经验与教学机制提出了挑战，需要教师在备课阶段就将翻转课堂的实施流程、时间安排、教学方式、评价手段都安排妥当。

二、初中数学翻转课堂教学模式的应用价值

翻转课堂在信息技术的支持下实现了知识传授和知识内化过程的颠倒安排，使学生成为学习过程的主体，学生自己掌控学习进度和学习速度。学习速度快的学生可以掌握更难的课程内容，速度慢的学生则可以反复学习，并寻求教师的个性化指导。从某种意义上来说，翻转课堂不仅促进了学生的全面发展，还推动了教育模式的变革。翻转课堂有其独特的研究价值，相较于传统课堂，它有以下优势。

（一）有利于教师的教和学生的学

每个学生都是独立的个体，他们的学习能力也不尽相同。传统课堂教学理论认为，只有 1/3 的学生能完全学会所教的内容，1/3 的学生基本学会，另外 1/3 的

学生不及格或勉强及格。这就意味着有很大一部分的学生是没办法完全掌握所学的内容的。但是，传统的课堂为了按时完成教学内容，是没办法停下教学的脚步，等所有学生掌握教学内容再开展下一环节的。翻转课堂的出现恰好弥补了传统课堂的不足。翻转课堂是在课前向学生发放教学视频，学生可以通过暂停、回放视频，一直到学会教学内容为止。这样的教育是人性化的，真正贯彻了因材施教的原则。学生课前能够掌握数学教学中的重要知识点，那么在课堂中合作、探究的部分也能够顺当，学生课堂的学习积极性也大大提高。

翻转课堂除去教师的一张嘴、一支粉笔的表述，还结合了现代教育技术，如多媒体的声音、视频、图片等多方位展示，使数学教学内容更加具象。这不仅有利于帮助学生快速地理解相关教学内容，还有利于增加课堂的趣味，激发学生的学习兴趣。课堂中的小组分工合作、讨论探究，可以活跃课堂氛围，还可以迸发思维的火花，提升学生的数学综合能力。教师有时间深度挖掘文本的内容，与学生进行交互式探讨研究。学生的学习认知更加明确，教师的教也更加高效。学生转变了学习方式，由以听教师讲授为主转为自主学习、合作学习、探究学习、交流学习和展示学习等，这有利于提升学生的学科素养，也有利于培养学生的学习能力和探索能力，为培养创造型人才提供了可能。

（二）有利于教师教学能力的提高

翻转课堂要求教师有一定的信息技术水平，搭建学习平台为课前的教学和课中的教学服务；它要求教师课前分享5～10分钟的视频课作为讲授数学教学重点，然后学生提交导学单，把学习情况反馈给教师，教师进行问题统计。这都要求教师必须具备相当的信息技术能力。教师要提高相关的信息素养，这是信息技术时代对教师提出的新要求。教师通过把信息技术与初中数学教学相结合，可以丰富教师的教学方法，也可以提高教师的教学能力。

教师在课堂的讲授可以从书本知识中跳脱出来，然后去拓展教材内容。针对学困生难以理解的教学重难点问题，教师可以录制相关教学视频留给学生课后反复自学。这对学困生而言是一个良好的契机，在课下通过自学教学视频弥补自己学业中的不足，缩短自己与其他同学的差距。这样就摆脱了教师在课堂中围绕某个知识点进行反复讲解，从而导致教师不得不缩减拓展教学时间的困境。在互联网时代，教师需要具备一定的多媒体技术应用能力，能够灵敏地感知时代的变化，把教材中的知识与现实需求衔接起来。这对教师而言也有利于促进其教学水平的提升。

（三）有利于学生主体地位的凸显

学生是学习的主体。教师的"满堂灌""填鸭式"教学，那是教师的"一言堂"，学生只是被动地接受式学习，何谈主体地位。翻转课堂具有较强的创新性，在很大程度上弥补了传统课堂的不足。在翻转课堂中，学生是教学的重心。翻转课堂充分明确了学生的主体地位。在翻转课堂中，课前的自主学习、课中的讨论交流，都充分展现了学生学习的自主性。学生课前自主展开相关学习、思考，这有利于提升学习者的主观能动性；由教师"教什么学什么"到学生"学什么教什么"的转变，反映了教师教学观念的改变；学生由"被动接受式"学习到"主动探索式"学习，反映了学生心态的改变。在翻转课堂中，学生在课前获取了知识，所以在课堂学习时积极性会提高，也会主动参与到课堂讨论中。通过翻转课堂，我们可以发现教师的主要作用就是引导学生主动参与学习、主动思考并探索。随着学生自主意识的增强，学生的学习主人翁精神也就得到了体现。

（四）有利于和谐师生关系的建构

翻转课堂突破了教学常规，它做到了把课堂交还给学生。学生把知识学习环节前置到了课前，把知识内化环节前置到了课中。尤其是课中部分，课堂的主体是学生，生生之间的互动交流增多，学生和教师之间的交流层次更深，这有利于提升学生的创新能力和理解能力。翻转课堂有利于促进师生之间的多元互动，激发学生的学习兴趣，强化深层次学习策略的应用。

（五）有利于教育资源共享，推进教育公平

目前，在教育资源分布不均衡的情况下，通过互联网信息技术，丰富的教学资源借助网络渠道迅速传播，因此翻转课堂能够有效缓解和解决教育资源分配不均的矛盾，进一步推进教育公平。翻转课堂要求教师提前制作教学视频，并在网络上分享给学生学习。这在一定程度上促进了"互联网+"在教育中的应用。我国一直在倡导教育公平，但是却一直很难得到实现。优质的教育资源总是向发达地区倾斜，就算在同一地区，因家庭条件、学校办学条件不同，所享受的学习资源也有差异。有条件的同学可以参加课后实践、课后辅导等来增加自己的知识储备，有条件的学校可以提供优质的学习资源。当前，信息技术飞速发展，教育资源的传播速度飞快，优秀的教育资源可以实现同步共享。虽然全国的优秀教师向偏远地区的流动有困难，但是通过网络平台，可以实现同步课堂，也可以实现把优秀的教育资源分享给全国中小学。这样一来，就缩小了地域之间、学校之间的

教学质量差距，从而推动教育公平。同时，网络教育平台上也有很多优秀的教育资源，教师可以直接下载，并根据教学需要进行修改以适应教师自身的教学需要，教师也可以观看教学视频，教师的教学水平、课件制作水平及教学视频的制作能力都可以得到提升。

三、初中数学翻转课堂教学模式的应用策略

（一）转变教育理念

翻转课堂在初中数学教学中应用的第一步是转变初中数学教师的教育观念，摒弃传统教育观念中"师尊生卑""唯成绩论"的错误教学观，充分尊重学生在学习中的主体地位，从学生实际学习和发展的角度，结合翻转课堂，制订完善的教学计划，完成师生教学角色的转换，赋予学生自主选择的权利，构建良好的师生教学关系。例如，在学习"特殊三角形"这一单元时，教师应总结并记录学生在每节课上的自主学习情况，了解学生在课余时间的学习进度，帮助学生明确学习目标，以便学生合理利用课余时间；通过师生之间的教学交流和相互反馈，根据学生的自主学习情况，给学生提出专业建议，肯定学生的学习态度和学习成果，同时指出存在的问题和不足，促进学生数学学习能力的提高和初中数学课堂教学效率的提升。

（二）明确教学目标

在组织翻转课堂的过程中，学生的学习活动必然要在教学目标的引领下进行。在制订教学目标时，一是要深入解读《义务教学数学课程标准（2022 年版）》，明确其对学生发展提出的基本要求；二是要根据学情分析与教材分析的结论明确教学内容的重难点知识，并在此基础上从知识、方法、情感等多个维度细化教学目标，有效促进学生的全面发展。

（三）优化教学内容

在初中数学课堂教学中应用翻转课堂教学模式有利于培养学生的数学核心素养，凸显学生的学习主体地位。在自主预习时，学生主动观看教师上传的预习视频，将其与教材内容进行对照学习，发现新知识与以往学习的数学知识间的联系，学习并理解、探究新知识。若在学习时，学生发现一些新知识难以理解或有疑问，可做好标记，并上传到学习平台。教师及时进行指导，培养学生的分析判断能力和质疑探究能力。教师可优化翻转课堂教学模式，如在"角平分线"的教学过程

中，教师要明确这一知识点是不是学生需要重点学习和掌握的知识点，厘清这一知识点在整个数学知识体系中的地位，同时整理相关的知识内容，设计翻转课堂教学方案，这样做可以激发学生开展知识探究的兴趣。数学知识点间存在一定联系，在教师设计的翻转课堂教学中，学生可在教师的引导下逐步探究更深层次的数学奥秘。

（四）重视角色转变

在翻转课堂教学模式中，初中数学教师要重视自身的角色转变，改变传统的教学观念，在教学时要有意识地凸显学生的主体地位，做好学生学习的引导者。翻转课堂的一大特点是"先学后教"，学生在课前通过教师制作的视频初步了解学习内容，明确学习重点，整理好自己的疑难问题之后，教师在课堂上可以省去很多的讲解时间，学生也可以在教师的引导和带领下，将自己的疑难问题与教师、同学分享讨论，一起探索解决。教师可以根据学生的学习情况及时判断教学安排是否需要更改，适时指出学生没有想到的关键点，让学生在探索的过程中对所学知识有进一步的理解。这样的学习方式充分提高了学生学习的积极性，增强了学生在学习过程中的参与感和体验感，激发了学生自主学习的意愿。翻转课堂的教学模式能进一步发展学生的探索思维和创新思维，锻炼学生的自学能力。

（五）检验学生预习成果

在应用翻转课堂教学模式期间，不仅学生要做好课堂学习准备，教师也需要做好课堂活动的设计。因此，知识传授阶段的最后一个环节是教师检验学生的预习成果，以此为课堂教学活动的开展做准备。具体来说，教师要检验学生的习题完成情况、知识梳理情况，并记录学生学习期间遇到的问题，从而迅速调整课堂教学计划，适当增加或减少课堂教学补充资源，最大限度地节约学生的课堂学习时间，解决学生的困惑，提高学生的学习效率。

（六）强化课后复习环节

基于课前学习和课中教学活动，学生能够初步掌握一些相对基本的数学知识。而为了进一步将数学知识转化为学生的个人能力，教师还要关注课后复习环节，利用更具针对性的课后复习安排，实现教学效果的进一步提升。由于部分教师严重忽视了课后复习环节，导致许多学生不具备较强的自主复习能力。而通过利用翻转课堂的教学模式，教师可以依据学生的学习需求，带领学生开展更具针对性的学习过程。在课后复习过程中，教师可以综合判断班级内学生的学习水平，针对不同学习水平的学生布置具有差异性的课后复习内容，让全体学生都能够通过课后复习巩固个人的数学知识基础。

（七）完善课后教学评价

评价环节的有效性会对最终的教学质量产生直接影响。相对于传统教学模式，翻转课堂对教学活动提出了更高的要求，所以评价环节也需要做出相应的调整。

1. 要确立多元化评价主体

翻转课堂中的评价应避免教师的"一言堂"，要鼓励学生参与到评价环节当中来。一方面要充分重视学生的自我评价与反思，让学生梳理自己在学习过程中的收获与不足；另一方面要组织学生进行相互点评，这是因为每个学生都是独特的个体，看问题的角度也不同。通过吸取其他同学的建议，大部分学生可以获得新颖的学习思路，拓宽自己的视野。

2. 拓宽评价的内容

构建翻转课堂模式的最终目的是促进学生的全面发展。为了落实这一目标，仅仅使学生掌握基础知识是远远不够的，教师要在评价中避免过于关注学生的学习结果，而应将评价重点放在学习过程中，了解学生对方法的掌握、习惯的养成等。

第三节　初中数学合作学习教学模式

一、合作学习概述

（一）合作学习的历史

合作学习是一种古老的教学模式。由于近年来课程改革的需要，合作学习被广大教育研究者重新关注，并被赋予诸多新的内涵。事实上，合作学习在历史上多次受到关注，但同时也多次被冷落。

1. 合作学习的由来

从本质上讲，人是一种社会动物，社会性是其根本属性。纵观历史，合作早已渗透在人类生活的方方面面。因此，合作学习小组一直作为一种重要的教学方法用在学校教育中。在西方，最早提出合作学习的是古罗马教育家昆体良

（Quintilianus），他认为学生之间互相承担教学责任、互为教师时，可以更好地掌握所学知识。罗马哲学家塞内加（Seneca）通过"当你教书的时候，你会学到两次"等语句倡导合作学习。捷克教育家夸美纽斯（Komenský）同样认为，学生的知识不仅来源于教师讲授，也来源于同伴之间的相互教学。18世纪，英国教育家兰开斯特（Lancaster）在英国广泛使用合作学习小组，到1806年兰开斯特学校在纽约成立时，合作学习小组的理念随之被引入美国。合作学习正式在美国开花结果，受到广泛应用是在19世纪早期，当时美国正处于公立学校运动中。在19世纪的最后三十年里，美国教育家帕克（Park）以热情、理想主义、实用主义，以及对自由、民主和个性的强烈热爱提倡合作学习。帕克倡导的学生之间的合作在世纪之交的美国教育中占据主导地位。无独有偶，约翰·杜威（John Dewey）在论述其著名的项目教学法时也描述了合作对学习显著的促进作用，将小组合作学习作为项目教学法的重要组成部分。然而，从20世纪30年代后期开始，个人主义开始抬头，学校重新将人与人之间的竞争作为提升学习成绩的主要推动力，合作学习的主导地位被个人学习取代。这种情况持续了几十年之久，直到20世纪80年代，合作学习才开始重新受到学校教育的关注。

综上所述，合作学习在人类教学实践中由来已久。然而，在20世纪70年代之前，合作学习虽然不断有新的理论思想和实践方式出现，但始终没有建立起系统完善的合作学习理论。一般认为，严格意义上的"合作学习"始于合作学习在课堂中具体运用的科学研究，之前关于合作学习的理论和实践都是合作学习的雏形。

2. 合作学习的发展历程

在过去的四十年中，合作学习作为一种促进学生积极互动的手段已经在不同国家、地区的学校中广泛实施。从20世纪70年代开始，合作学习理论开始走向系统化。在这一阶段，研究人员几乎在每个研究维度都发现了合作学习的积极结果，合作学习模式大量涌现。其中，戴卫·约翰逊（David Johnson）和他的兄弟荣·约翰逊（R. Johnson）是这一时期的杰出代表，他们扩展了美国社会心理学家莫顿·多伊奇（Morton Deutsch）的合作与竞争的理论，提出了现代合作学习的奠基性理论——社会互赖理论以及共同学习模式。此外，他们不仅研究合作学习，还指出课堂上存在着合作、竞争和个体化三种目标结构，认为三种目标各有优劣，必须相互配合使用才能发挥出最佳效果。

美国威斯康星大学教授莱文（Levin）是这一时期的又一位合作学习理论代

表人物，开发了许多针对不同学科的合作学习方法，如针对数学学科的小组辅助教学法、针对阅读课的合作统整读写法等。莱文认为教师想要帮助学生获得更多的学习成果，最好的办法就是提升课堂管理效率。他认为课堂教学是教师在课堂中最重要的任务，因此教师不应在课堂管理上花费太多时间，而应增加直接应用于课堂教学的时间，减少无关事件的时间消耗。因此，他开发的合作学习方法都以提高课堂组织效率为直接目的。

整体来看，这一阶段的合作学习理论趋于成熟，研究学者在继续发展合作学习理论的基础上还重视开发合作学习模式，以及与其他教学理论的交流与融合。这为合作学习理论广泛应用在学校教育中奠定了坚实基础，合作学习的理念也受到越来越多教师的关注。

（二）合作学习的概念

20 世纪 70 年代，一个被称为真正意义上的教育改革于美国兴起，这项教育改革就是合作学习。这一改革很快引起了世界各国教育界的关注和重视，至今已成为世界主流的教学方法之一。合作学习的流行得益于其在教学中的显著成效。合作学习对学生非认知水平的改善、课堂气氛和学习成绩的提高均大有裨益，所以人们称合作学习是近几十年来最成功和最重要的教育教学改革。但关于合作学习的定义，中外学者尚未达成一致。通过文献研究，列出几个具有代表性的定义如下。合作学习的创始人之一美国教育心理学家斯莱文（Slavin）指出，合作学习是指学生参与到小组中从事学习活动，并根据他所参与的小组的成绩获得奖励。斯莱文强调合作学习是组织学生在小组中进行学习并以小组成绩为最终评价对象的教育实践。约翰逊兄弟则指出小组成员通过共同合作，进而使自己和小组其他成员实现最佳的学习效果，实现小组成员共同的学习目标。约翰逊兄弟关于合作学习的定义更加强调学生个体的发展只有在共同的团队合作基础上才能得以实现。加拿大著名的教育心理学家文泽（Winzer）则在前人的基础上提出，在合作学习的过程中，教师需要根据学生个人情况和特点让其组成同质小组或异质小组。不同于斯莱文和约翰兄弟等人的观点，文泽在他的定义中首次指出，教师在合作学习过程中应扮演的角色和要承担的责任。

国内学者关于合作学习也是同中有异、异中有同。我国著名的教育学者王坦于 20 世纪 90 年代初开始对合作学习的理论进行了探索，并对其进行了初步实践研究。他指出，合作学习是一种旨在促进学生在异质学习小组中进行互助合作，以达成共同的学习目标，并以小组的总体成绩为奖励依据的一种教学模式。合作学习这种方式可以促使小组成员间行为的改变，有利于学生正确价值观的形成。在文献研究的基础上，国内学者关于合作学习的内涵可以概括为以下四方面内容：第一，师生之间、生生之间紧密合作、整体学习的一种学习方法。第二，有利于学生形成良好的学习态度。第三，有利于学生发现问题和解决问题能力的提高，并促使其批判性思维的发展。第四，有利于学生合作技能的提高。

尽管国内外专家对合作学习的概念各有见解，但基于以上国内外学者的观点，对合作学习的定义归纳为，合作学习是在课堂教学中主要以异质小组或同质小组为单位，以共同的学习任务为目标，师生之间和生生之间互帮互助，最终以小组团体成绩为奖励依据的一种具有实效性的教学策略。

（三）合作学习的要素

合作学习的历史上提出过三个合作学习因素理论：斯莱文教授提出的"三因素理论"；加拿大著名合作学习研究专家库埃豪（Coelho）总结的"四因素理论"；约翰逊等人提出的"五因素理论"，这个理论在合作学习中最具代表性，也被大多数人认可，他们认为要使合作学习顺利开展必须具有五个行之有效的因素，分别是积极互赖、互动交流、个人责任、人际交往技能、小组加工。以下重点对"五因素理论"进行介绍。

1. 积极互赖

积极互赖是一种心理倾向，即个体认识到与他人是一种和衷共济、风雨同舟的相互依赖的关系。积极互赖包括目标互赖和资源互赖。目标互赖是指教学活动中学生必须认识到自己的学习目标需要以整个小组的目标为依据，小组任务完成才能代表学生个人的学习达标；资源互赖是指小组内每个成员都掌握了完成学习任务的一部分资源信息，组内成员需将各自拥有的资源信息整合到一起，才能完成小组学习目标。积极互赖心理有助于提高成员的人际交往能力，增强成员的集体荣誉感和归属感，在这种形式下学生在保证完成自己学习任务的同时也帮助组内其他成员完成了学习任务，这样的合作学习才是高效率的。

2. 互动交流

开展合作学习教学活动时要求小组成员面对面交流互动，在密切的讨论交流中交换各自的学习资源和学习成果，学生通过对问题进行激烈探讨，在共同努力下解决疑惑，并完成学习目标。在面对面的互动中，学生相互帮助、共同提高，产生了对彼此深厚的信赖，同时互动也减轻了学生对学习的紧张感和焦虑感，在积极互赖的基础上进行面对面的互动使合作学习产生了截然不同的效果。

3. 个人责任

积极互赖是合作的基础，个人责任是合作学习的保障。合作学习环节要对小组中每个成员进行分工，每个人都应该承担相应的学习任务，做到责任到人，成员对自己负责的同时也要对其他人负责，尽自己最大努力完成小组目标。合作学习是以小组整体表现为评判标准的，但每个成员的努力直接关系到小组的评比，每个成员都是小组成功的关键因素，有着不可推卸的责任。

4. 人际交往技能

在合作学习中，学生不仅要具备完成学习任务的能力，还要具有一定的人际交往技能，合作学习是通过交流实现的，每个学生都是独立的个体，都有自己独特的见解和思想活动，学生在交流某个观点和解决问题的看法上意见不统一时，容易引发成员间的冲突和矛盾，我们要学会运用人际交往技能巧妙地化解矛盾，使合作学习顺利完成。高水平的人际交往技能是促使合作学习顺利进行和促进学生发展的保障。

5. 小组加工

小组加工是指小组成员在组长的带领下，根据教师布置的学习任务，每个成员都以合作的方式顺利完成学习任务。此外，小组加工还指合作结束后，小组成员根据自己在合作时的表现进行自我评价，总结合作环节中出现的问题，并对此阶段的小组合作学习总结反馈，对下次合作学习做出规划设计以提高合作学习的质量。

（四）合作学习的策略

由于合作学习在任务结构、教师角色、知识类型、教育水平，以及学习环境、成员关系、个体责任等方面的特殊需要，在实施过程中保持着一定程度的结构化。因此，合作学习策略一直是合作学习研究中最热门的话题，目前得到了广泛研究，并已经在实际教学中被证明是行之有效的合作学习策略就有几十种。在这里，仅介绍几种具有代表性的一般性合作学习策略。

1. 切块拼接法

切块拼接法由美国社会心理学家艾略特·阿伦森（Elliot Aronson）设计开发。该方法的核心要义就是由教师将合作学习任务划分为多个组成部分，然后将任务分发给事先分配好的不同的合作学习小组，每个小组中的不同成员分别学习整个任务的一部分。之后，教师将每个小组中学习同一部分的学生重新组成一个小组，阿伦森称其为"专家组"。专家组中的学生就自己所分得的任务部分进行相互讨论，掌握所分得的任务部分后就自发地返回原来的小组，将自己所掌握的任务部分传授给其他小组成员，并学习其他部分。通过这种方式，不同的小组成员实现互帮互助，同时也形成了相互依赖关系。这种方法的缺点是需要重新设计课程，并且小组中的每个学生只能访问课程的一部分，却要在整个课程中进行测试。

2. 共同学习法

共同学习法是由约翰逊兄弟共同创立的一种合作学习策略。在共同学习法中，学生按"组内异质"原则分组，每组有 4～5 人，小组有共同的任务，组内互相帮助，只有小组成员都参与任务，小组才可以得到奖励，而且小组是作为一个整体获得奖励的。共同学习法强调需要提供时间给小组讨论。教师设计的合作学习课程必须包含 5 项基本要素，即积极的相互依存、面对面的互动、个人责任感、人际交往技巧和小组处理。

3. 结构法

结构法是美国教育家斯宾塞·卡甘（Spencer Kagan）设计的一种合作学习的结构化方法。结构法与约翰逊兄弟的共同学习法具有相似的概念和基本信念，允许教师自由地将这两种方法结合起来。结构是指教师、学生所进行的各种不同的社会互动程序。具体的结构包括"三步采访法""一人留，两人走"和"独思—同议—共享"。教师在课堂中应当根据课堂需要，将不同结构进行组合以实现学习目标。此外，卡甘鼓励教师使用简单的合作结构互动和策略将现有课程转换为合作课程，认为这种课程与具体设计的合作课程相比更容易被学生接受。

4. 小组成绩分工法

小组成绩分工法是一种简单的、适用性非常广泛的合作学习策略，任何学科、任何年级的学生都可以利用这种合作学习策略进行合作学习。这种策略的主要模式如下。首先，将学生以四人为单位划分成不同类型的小组。其次，教师作为合作学习的引导者对整个教学内容及合作的形式进行讲解，从而帮助学生了解学习内容。再次，在学习过程中，学生需要确保所有的团队成员都要掌握课程内容，然后他们在没有任何外部帮助的情况下单独参加测验或测试。最后，学生的学习成果评价需要根据学生个人在各项测试中得分的平均值来进行最终打分。小组成绩分工法的主要目的是激发学生互相帮助的动力，从而掌握教师传授给他们的技能。

5. 合作性读写一体化

合作性读写一体化代表了斯莱文将合作学习原则应用于阅读、写作、拼写和英语语言机制领域的尝试。该方法结合了理解、记忆和思维技能的元认知策略训练。具体过程是首先教师从基础课本或专业书籍中介绍一个故事，学生在各自的小组中进行与故事相关的一系列规定活动，这包括伙伴阅读、寻宝活动等。其次在这些活动中，学生使用合作写作的方法一起找出故事的元素。最后小组根据小组成员在测验、作文、读书报告和其他产品上的表现获得认可。

综上所述，所有合作学习策略的基本目标都是帮助学生以结构化的方式进行互动。合作学习策略企图利用目标、奖励、任务、角色、环境和小组之间的竞争关系来塑造相互依赖关系，以此为基础为教师创造实施合作学习教学模式的前提条件。

二、初中数学合作学习教学模式应用的价值

（一）提升学生的学习兴趣

在传统的初中数学教育工作中，很多教师一味采取灌输式的教学模式，不仅导致课堂了无生趣，还容易使学生丧失学习兴趣。然而，学习兴趣是学生在数学学习中最为重要的学习原动力。

在初中数学合作学习教学模式中，学生是学习的主体。在合作学习过程中，班级内的所有学生都处于良好的课堂教学氛围中，与以往枯燥的课堂教学氛围大相径庭。同时，学生的数学学习兴趣也能够得到很好的激发，教师的课堂教学也会事半功倍。更为重要的是，在初中数学合作学习教学模式中，教师可以依据学生的学习情况，在学习小组中为学生科学合理地安排位置、分配合作学习的具体任务，从而对每个学生开展有针对性的数学教学，进而取得良好的学习效果。学生在这样的模式下，更加具有体验感、成就感，从而提高了学习兴趣。如此可促使初中数学教育发展进入良性循环，促进日后初中数学教育工作的发展。

（二）促进教师的因材施教

在初中数学教学中，合作学习教学模式不同于传统的灌输和填鸭式教学，教师为学生合作学习预留了充足的时间，由学生自由讨论。基于班级同学的学习情况，学习基础较好的同学可以帮助基础较薄弱的同学消除疑惑，通过学生间的互帮互助，极大地减少了教师的课堂讲课量，使教师拥有充足的时间讲解学生合

作讨论时无法解决的问题。此外，教师可以统计错误率较高的题目，制订针对性的教学计划，强化学生对知识点的理解，以降低错误率，这样有利于教师因材施教，提升教学质量。

（三）提高学生的自主学习能力

自主学习能力是初中生必备的能力，合作学习教学模式的应用能促进学生的自主学习能力不断提高。初中数学教师在把握学情的基础上，可创设情境推进合作学习，不断激发学生的合作学习热情，使其产生自主学习的积极性。在小组成员互帮互助的基础上，学生能获得数学学习的满足感，同时也能提高数学学习的信心。初中生在具备良好的自主学习能力后，能在合作学习中积极分享学习经验，促进小组成员共同学习与进步。

三、初中数学合作学习教学模式的实施

（一）做好硬件准备

无论是否进行合作学习，在上课之前，教师都需要仔细准备课堂所需的各种材料，具体到某些课，可能还需要某些特别的道具。只有上课所需的教具、学具都准备妥当之后，合作学习才有可能顺利进行，教师才会集中精力关注每个小组的合作进程，而不会因为突然发现缺少某些材料而变得手忙脚乱。此外，在布置教室的时候，要尽可能地留出一小块空间来存放师生的各种用具，也可以设计几处活动中心，让学生共同参与，这在一定程度上也可以激发学生的合作意识。

（二）优化小组组织

根据社会互赖理论，积极互赖可以产生促进性互动，带来积极的结果；而消极互赖会产生阻抗性互动，带来消极的结果。合理分组是保证合作学习顺利进行的一个重要前提，教师应该充分利用互赖理论来考虑分组问题。

目前，根据学生的座位分布来划分学习小组是教师最常用的方式，这种分组方式虽然方便教师安排、节约时间，但也存在着严重的随意性和不科学性。为了最大限度地激发学生的促进性互动，教师在分组时要充分考虑学生的性格特征、思维结构、学习水平、家庭教养风格等因素，最好按照异质原则进行分组，使每个小组整体之间的认知水平和学业水平大致相似，让组内成员的学习水平、智能优势或天分等异质结合，相互取长补短。这种分组方式可以使每个人都能发挥自己的优势、长处，每个人都能体会到多样性的价值，营造积极向上的合作学习氛围，

从而激励学生更加积极地参与小组合作学习活动，更好地激发学生之间的促进性互动。

对于学习成绩优异、各方面能力都非常出色的学生来说，不管是同质小组还是异质小组，对他们的影响都不大，学习结果并没有显著的差异。然而，对于学习吃力、能力较弱的学生来说，在异质小组中会有更大的收获。随着学生年龄的增长，他们各方面的能力都会得到很大的提升，这时，能力同质的学习小组会比较适合学生的合作学习。当然，教师也需要格外关注班级中学习速度较慢的学生，使他们及时融入小组合作讨论中去。

在划分完合作学习小组之后，教师要给学生充足的时间相互了解，因此要保证在这段时间内不要有过大的人员调整，要保证相对稳定。当经过一段时间的合作学习，各小组的发展情况出现差异时，就需要重新根据学生成绩、个别差异以及教师平时的观察对小组成员进行重新搭配调整，以便更好地发挥学生的自身优势，以进一步提高合作能力。

在合作学习的过程中要想在组内建立积极互赖的社会情境，就要保证责任到人，保证每一位成员都能够积极参与，融入小组中去。一般来说，在每个小组内都要设置组长、汇报员、监督员等角色，小组成员轮流担任，从而可以使学生都能体验到不同的角色分工，促进学生各方面能力的发展。关于小组规模的设置，如果是两人结对合作，小组成员间的互补性和多样性会比较弱，而六人以上的小组合作协调起来难度会比较大、耗时比较多，而且小组人数越多，积极参与者的比例就越小。四人左右的小组规模不仅不受认知资源和心理支持的限制，协调起来也比较容易，所以合作的效果会更好。当然，小组的人数规模设置还要参考任务的难度和复杂度，如果合作任务量大、难度和复杂度相对较高，就需要适当增加小组讨论的人数。此外，教师也要采取一定措施来避免某些学生利用小组合作活动偷懒、逃避责任的情况，教师可以随机选取某个成员汇报小组进展情况，也可以在每个小组中安排监督员随时监督。

（三）设计学习任务

不同的合作学习任务必然会影响学生对不同知识、规则等的加工方式，这在很大程度上决定了学生在合作学习后的认知水平，要想实现合作学习顺利高效地进行，就需要教师为学生特别设计高认知需求的学习任务。依据美国心理治疗学家威廉·格拉瑟（William Glasser）的选择理论，学习是学生自己选择的结果，只有当学生的心理需求得到一定满足的时候，他们才会发自内心地选择积极参与学习活动。因此，教师要尽可能地提供给学生可以指向他们生活经验和兴趣点的相互理解型和情境丰富型的学习任务，让合作学习课堂变得更有吸引力。正如苏联心理学家维果茨基的社会文化认知理论认为，学习是建立在现实的生活实践和经验基础上的，学习从本质上讲就是不同的社会实践活动，学习的内容最好不要脱离现实生活。因此，合作学习选择的内容最好可以建立一个生活化、社会化的问题情境，这样的内容更加贴近学生的日常生活，更加形象生动，让学生充满亲切感，更容易激发学生的探究兴趣和欲望。此外，教师要精心选择合作学习内容，把握好难易程度。任务过于简单则无法使每位学生进行深度思考，而且还有可能导致学生对合作学习形式的厌烦，任务过于复杂困难则容易使学生感到压力重重，严重的话还可能会使他们畏缩放弃，因此教师要把握好任务的难易程度，由易到难、由简到繁，逐步加深。数学课堂教学是一个动态的并且不断生成新知识、新问题的过程，在这个过程中，教师要尽量为学生创设可以引发冲突的问题情境，以此引发学生的多维思考，加强成员间的互动交流，使得认知冲突成为转变学生认知结构的有利契机。在教师精心选择的合作内容情境下，让学生在知识形成和应用的过程中可以不断提升自身的合作意识和数学思维能力，积累数学思想方法和活动经验，促进合作学习的顺利高效进行。

（四）创设合作情境

初中生的性格决定了他们需要新鲜的学习体验和广泛的学习机会，从而调动多重感官，借助已有知识和技能参与课堂互动，迅速掌握数学知识。创设教学情境是数学教学常用的方法，不仅受到学生喜爱，还充满了生机与活力，符合初中生的认知规律，能让学生沉浸其中，积极探索数学知识的本质，养成自主学习的习惯。在合作学习中融入情境是十分必要的，可以改变枯燥的合作氛围，加深学生对数学课堂的情感，学生在情境中能学到更多数学知识和技能，会终身受益无穷。值得注意的是，合作情境并不是万能的，不是每一堂数学课都适用合作情境，这需要教师做好调整和优化，在适当的时候开展情境教学，为学生提供必要的思维材料，把传统的"灌输式"教学变成"引导式"教学，让学生在现实情境中体验和理解数学，掌握越来越多的数学思想方法。

（五）科学引导合作学习

合作学习教学模式强调学生课堂学习的主体地位作用，但这与教师课堂教学的宏观调控并不冲突。学生在合作学习教学模式中独立自主地参与学习过程，教师在学生合作学习的过程中也要密切关注学生的一举一动，时刻掌控全局。当发现学生在合作学习中出现困难时，教师可以适时地点拨学生的思路。教师的实时监督和调控还能让学生在合作学习教学模式中不放松、不懈怠，始终专心致志地学习知识、解决问题。

（六）加强课堂教学管理

在合作学习过程中，学生之间有效的交流和互动，积极向上、秩序井然的课堂学习氛围都需要教师具有一定的管理能力。人本主义的动机理论认为，学生的学习是以内部需要为基础的，根本不会存在无动机的学习者，这就需要教师改变自己以往的管理观念，明确学生在课堂上的主人公地位，创设开放、平等、民主的课堂教学氛围，积极调动学生的内部学习动机。

首先，坚持民主平等的原则，要做到给予每个学生相同的关注和对待。一般来说，教师都更喜欢提问学习成绩优异的学生，这就在一定程度上忽视了班级里的学困生，容易导致他们在合作交流的时候变得更加沉默，以逃避的方式应对同学之间的互动。其次，教师要给予学生更多的时间和空间，给予他们更多的独立思考、发言、展示的机会，让学生能充分地展示自己的个性。最后，对于学生的表现，教师要有一定的强化策略，对于积极参与合作讨论、积极发言、积极展示的学生，要多给予他们支持和鼓励，因为在一个充满激励的课堂环境中，会更容易激发学生学习的积极性和热情。

（七）学校提供大力支持

首先，学校可以通过行政干预，制订完善的合作学习实施计划，落实合作学习教学模式的实施流程，然后积极稳妥地推进。在实施初期，可以选择实验班试点先行，学生的成绩在一开始可能会有所波动，这时学校要做好受挫的准备，也要做好教师坚强的后盾，给予教师坚定的支持。如果有来自学生、家长以及教师不同的意见，学校方面要耐心倾听他们的合理诉求，坚持不懈地将合作学习推行下去。

其次，除了必要的行政干预，学校也要为教师提供一定的关于合作学习教学模式的学习和培训机会，而且这种培训不能仅仅停留在理论层面，对于教师来说更需要的是实际的操作训练。学校要尽量为教师提供高质量的观摩机会，通过学校组织的精品课、各优秀教研组的互评课，教师之间可以相互学习和借鉴，在大量的听课评课、观摩学习的过程中找到自己应注意的问题以及相应的解决方法。只有当教师具备了坚实的理论基础和丰富的实践经验时，在数学课堂上运用合作学习教学模式才能得心应手。

最后，学校领导要创设一个相对宽松一点的推行合作学习教学模式的氛围，可以允许教师在一定的时期内教学成绩下滑，鼓励教师积极尝试并努力践行合作学习教学模式，对于取得进步的教师要及时予以表彰。学校也可以带领教师走出去，参观其他学校，吸取经验教训，促进共同成长。

第四节　初中数学探究式教学模式

一、探究式教学模式概述

（一）探究式教学模式相关概念

1. 探究

探究由具有动词词性的"探"和"究"构成，在《新华字典》（第12版）中对探的意思解释之一为寻求、探索；"究"的意思解释为推求、追查。而组合起来的"探究"一词，意为探索研究，主要用在对事物缘由探究方面。

在英文中，通常用"explore""inquiry""dig"等词与中文中的"探究"相对应。在牛津词典中对其含义的解释为，找出某事的原因或找出有关某事的信息的过程。

美国教育界则将"探究"界定为一种复杂的学习活动。

因此，结合多方位的定义研究来说，探究就是寻找问题的答案，在寻找答案的过程中同时要寻找关键信息和引起事情发生的原因。

2. 探究式教学

探究式教学普遍认为是由美国教育家约翰·杜威最早提出的，自探究式教学产生以来，学界就对探究式教学的定义存在不同的看法。但为探究式教学概念奠定基础的是以杜威为代表的反对传统机械教育方法的流派，2004年《科学探究与国家科学教育标准——教与学的指南》中提到："施瓦布还提出了另一种他称之为'探究的探究'的方法。在这种方法中，教师提供给学生的是科学研究的读物和报告，学生就其中的细节进行讨论，如研究的问题、收集的数据、所用的技术、对于数据的解释以及科学家在研究中得到的结论。"[1]

基于以往的研究和理解，探究式教学在不同层次中包含不同定义。在此将探

---

[1] 美国国家研究理事会科学、数学及技术教育中心，《国家科学教育标准》科学探究附属读物编委会.科学探究与国家科学教育标准——教与学的指南[M].罗星凯等译.北京：科学普及出版社，2004.

究式教学定义为以新课改为依托、以教材为载体、以学生为主体，教师根据班级学生的具体情况，围绕学生的生活经历和智力水平为其选取恰当的探究对象，并引导学生运用多种形式进行思考、释疑和解惑的教学过程。

（二）探究式教学模式的原则

1. 价值性原则

教师应遵循价值性原则，确保教学活动在丰富学生知识体系的基础上培养其学习能力，推动其创新思维发展。在价值性原则的指导下，教师需正确把握这一教学方法，确保课程内容适用于探究式教学模式。

2. 目的性原则

在选择探究内容时，要充分考虑探究内容需要发挥的作用，要有"挑战性"。在教学中，要根据教学内容，培养学生发现问题、分析问题、解决问题的能力，并让学生在实践和探索中体验和掌握科学的数学方法。

3. 主体性原则

在探究式教学活动中，教师应该尊重学生的主观能动性，并充分利用这一特征，使学生在自我发展、相互启发的过程中获得成就感。教师除了要充分发挥学生的主体性，还要了解学生已掌握的知识、未掌握的知识，进而判断他们的能力，制订出相应且有效的教学策略和教学方案。在探究式教学的过程中，教师要耐心观察学生，及时发现学生在学习过程中存在的问题，不管学生是否成功，都要给予鼓励，尤其要鼓励学生去发现新的问题和新的解题思路。

4. 过程性原则

探究式教学模式与传统教学模式相比，其注重的是学生的学习过程以及知识生成，因此教师需要坚持过程性原则，将学生的学习积极性充分地调动起来，使其在课堂中获取更为丰富的学习体验，提高学习成效。此外，在实际教学中教师还应鼓励学生将自身思维过程展现出来，以推动其思维发展。

5. 主动发展原则

学生是发展的主体，而学习则是由学生主动的行为所产生的。学生能否学到知识取决于学生的主动学习，并非教师的教授。教师应该设法激起学生的求知欲，让学生自行发现问题，并积极地参与到交流、讨论中去，不断地反思自己的学习方法，提高自己的学习能力。

6.面向全体原则

在设计探究式教学方案时，应面向全体学生，尊重学生的差异，强调教学的目标，同时要以"人人皆可"为理念，激发所有学生的最大潜力。每个学生都是独特的存在个体，他们有自己的优势，也有不足，教师应针对不同学生的特征和需要，最大限度地利用学生的长处，弥补他们的不足。一个成功的教学案例要保证大部分学生在原有的基础上能得到发展。教师要做到因材施教，面向全体。

7.科学性与教育性相结合原则

一个成功的教学设计要同时保证科学性和教育性。科学性是指教学内容应该是科学的，教学方式应该是符合学生的认知规律的。教育性是指教学活动应该是具有教育意义的，而不是华而不实的。科学性与教育性相结合就是指教学设计既要保证教学内容的科学性，又要保证教学活动的教育性。

（三）探究式教学模式的特征

1.平等性

在探究式教学模式中，探究的参与者是将学生和教师都包含在内的。首先，探究式教学模式要有一个具有探究价值的对象，这个对象既可由教师引出，也可由学生共同探讨后得出。这是平等性在选题过程中的体现。其次，在探究式教学参与过程中，教师在引导学生探究方向正确的同时，还要关注学生在探究过程中的疑问。在解答时教师可能会碰到学生熟知但自己无法解答的问题，这就要求教师放低姿态，与学生共同探讨问题，达到教学相长。这是平等性在参与过程中的体现。最后，在进行总结性评价时，既要充分发挥学生的主动性，做到学生自主点评；又要发挥教师的引导性，做到教师点评。这是平等性在评价过程中的体现。

2.生成性

学生在参与探究前并非"无知"，他们在生活、交流、学习的过程中形成了自己的认知结构和一定的理论体系。学生在进行探究时，首先会基于自身经验能力对问题进行分析，其次通过提出种种解决问题的设定，再经过对设定的验证，最后得出问题的解决策略。在探究的过程中，学生的思维是发散的，想法是不同的，学生在交流自己探究成果时会提出各种各样的解决策略，这样就会生成新的情境。尽管有些新生成的情境可能不符合所要探究的内容，但学生在探究过程中会获得探究的经验，激发学习的兴趣。探究经验的积累和兴趣的培养，为探究活动奠定了基础，学生在"探究—生成—再探究—再生成……"的过程中，又会生成新的探究课题。

3. 开放性

探究式教学还具有一个比较显著的特征就是开放性。开放性在探究式教学中主要体现在选取的情境、探究的场所、探究的结果这三个方面。

选取的情境是开放性的，其优势在于学生可以综合运用自己的知识经验来解决问题，提高知识整合的能力，进而构建一个完整的知识体系。

探究的场所并不局限于课堂，也可以在课外将课堂上未探究完成的课题进行再探究。这样就可以使整个校园充满探究的氛围，学生遇到难以解决的问题时也会养成探究的习惯，从而潜移默化地提高学生的综合能力。

探究的结果并不局限于某一个结果，由于学生的个体差异导致探究的结果可能会产生多个。教师应对学生探究的结果分析、总结分析、归纳，鼓励学生进行自主探究。

（四）探究式教学模式的理论基础

1. 实用主义学习理论

美国的哲学家、教育学家约翰·杜威是实用主义学习理论的创始人之一，从做中学就是他教学理论的基本原则。他认为社会发展具有不确定性，是充满挑战的，人类在其中生活也会面临各种问题。生活就等同于解决问题的过程，在这个过程中，人的所有行为都具有实践性和真实性。因此他将是否有用作为衡量真理的唯一标准，提倡在做中学习、做中思考。而想要在不断发展变化的社会中生存，就需要用探究的方式去解决问题，探究是实现实用主义学习的必要手段。

杜威在其著作《我们怎样思维·经验与教育》中认为，探究实际上是一种类似反省的思维活动，他提出的"思维五步法"中将思维的过程分为五个不同的阶段，分别是提示、理智化、猜想、推论、证明。杜威将其原理应用到教学中，又提出了"教学五步法"，可以简要概括为情境、问题、假设、推论和验证五步，具体是创设情境，在情境中产生问题，联系知识或经验做出假设，推测假设是否合理，最后验证假设是否有效。杜威将思维发展和探究的方式相结合，强调在探究的过程中重视思维的发展，这样的观点对探究式教学的研究影响深远。

2. 建构主义学习理论

建构主义学习理论强调在已有知识经验的认知结构上，使用资料建构出自身的知识框架。情境、交流、合作和意义建构等都是建构主义学习理论的主要因素。皮亚杰（Piaget）首先提出相关理论，之后又经过无数学者进行修正和完善，发展到现在，建构主义学习理论被视为探究式教学理论的基础理论之一。

建构主义学习过程是在已有经验之上形成新的知识整体框架的过程，这个过程也是一个对知识不断进行修正和完善的过程。同时，发挥学生的主动性也是建构主义学习理论的另一个主要观点，鼓励学生通过自主探索的方式获得新知识，并对知识体系进行建构。

根据建构主义学习理论，在实际教学过程中，与其一味地进行讲授和灌输让学生被动学习，不如采用引导的方式化被动为主动，并让学生在学习的过程中建构属于自身的知识体系。通过这样的探究式教学，学生的思维得到了训练，且乐于探索、勇于实践，有利于实现学生的个人发展。

3. 人本主义学习理论

人本主义学习理论以人为中心，强调人的发展。罗杰斯认为学生在成长的过程中应当获得足够的关爱，教师应当为其提供合适的学习资源，营造良好的学习氛围，并在学习过程中进行引导。他认为这样的教学方式有助于学生潜能的发挥，从而让学生更好地完成学习目标。以人为本的教学认为，学生是课堂和学习的主人。马斯洛（Maslow）的需求层次分类理论也是基于人本主义的观念提出的，不同的需求层次体现了内部动机的重要性，只有调动人的积极性才能更有效地发挥人的潜能。

人本主义的学习理论讨论了教师和学生在学习过程中的关系定位，改变了传统的以教师为主、学生跟随教师的教学方式。将学生作为学习和课堂活动的主人，可以促使学生发挥潜能、实现自我的理念，从而奠定探究式教学模式的理论基础，为进行探究式教学提供宝贵思路。

4. 最近发展区理论

最近发展区理论是苏联教育家维果茨基以心理机能理论为出发点所提出的。维果茨基指出，儿童的发展水平主要有两种：实际发展水平和潜在发展水平。在探究式教学模式中，探究的主题是教师在学生实际发展水平的基础上总结概括教材内容后得出的。学生通过循序渐进的探究，会从一个低层次的发展区向更高层次的发展区迈进，在这个探究过程中，学生的综合能力会得到大幅度的提升。

二、初中数学探究式教学模式的应用价值

（一）有利于提高学生的自主学习能力

传统的数学教学模式导致学生对数学课程缺乏一定的学习兴趣和动机，数学学习效果有限。如今减轻义务教育阶段学生过重作业负担和校外培训负担的"双减"政策已经颁发，数学教学也应尝试改变教学行为。教师不仅要注重自身教学行为的体现，还要注重对学生数学核心素养发展的引导，帮助学生提高自主学习的能力。从长远来看，应用智慧教室开展数学探究式教学活动是十分必要的。推动探究式教学的开展，可以帮助学生实现学习能力的迁移，并将其应用到其他学科的学习中，从而帮助学生提高个人的综合学习能力。

（二）有利于锻炼学生的逻辑思维能力

初中生的思维发展还不够全面，抽象思维能力还需要提升，因此在初中数学课堂上，教师可以通过开展探究式教学有效地锻炼学生的逻辑思维能力。数学教学的过程并不是教师灌输知识的过程，而是学生根据自己已经掌握的基础知识，结合自己的学习经验，进行知识探索的过程。当前许多初中教师都鼓励学生进行自主学习，在课前给学生布置一些学习任务，让学生主动去预习课本中的内容，遇到不懂的问题可以和其他同学进行讨论，开展合作学习，如果仍然存在不理解的地方，可以请教教师。这样的学习方式与探究式教学具有一定的共性。

三、初中数学探究式教学模式的实施策略

（一）激励学生参与，提高探究兴趣

1.强化学生内在的探究动机

在初中数学探究式教学课堂中，数学教师的探究式教学能力很重要，学生自身内在的探究动机也十分重要。

在生活中，内在动机常常是人们为了成功实现某些目标的内在动力。如果一个人有较强的内在动机，他就不需要通过外界的催促去实现目标，而是能够积极自主地去实现目标；如果一个人的内在动机较弱，需要实现的目标也并不能引起自身的兴趣，他就不会尽自己所能去实现目标，最后所得到的结果也就不会那么令人满意。同样的，在初中数学探究式教学课堂中，学生自身内在的探究动机也是影响学生是否能积极主动参与到探究式教学活动中的一个重要因素。在探究式

教学课堂中，学生内在的探究动机越强，教师和学生配合度就越高，那么探究式教学能发挥出来的效果也就越好。为了强化学生内在的探究动机，教师可以选择一些符合初中生兴趣的探究内容，精心设计一些探究活动，让学生在探究过程中体会到探究的乐趣。除此之外，在学生探究的过程中，教师要对学生多进行正面、肯定的评价，帮助学生树立探究的信心，让学生感受到探究过程中的快乐，从而使学生期待以后课堂中的探究活动。

因此，在初中数学探究式教学课堂中，要注意强化学生内在的探究动机，学生有了较强的内在探究动机后，就会积极主动地参与教师所提出的探究任务。

2. 适当教授学生探究方法和策略

除了要提高教师自身的探究式教学基本素质，学生自己也要掌握一定的探究学习策略。

在初中数学课堂中，采用探究式教学效果不佳的原因有很多方面，不仅有教师教学能力的原因，也有学习内容或者学习环境的原因，但更值得思考的一方面原因是学生本身缺乏一定的探究学习的方法和策略。例如，帮助学生养成在上课之前预习的习惯，对课本内容进行充分预习，便于在课堂上教师讲授新课时学生能够更好更快地掌握新内容，也能够跟上教师的思路，这样就可以变被动听课为主动探究，这无疑会大大提高听课的质量，也有利于学生课后对知识的整理和归纳；教师要教会学生观察，善于观察的学生总是能够领先别人一步，善于观察的学生在探究式教学活动中，不管是从图形上、数量上或是从知识之间的联系上总能够发现一些条件进而得出结果，教师在课堂上提出问题后，让学生带着任务去观察，引导学生确定观察的目标；教师要培育学生提出问题的意识，提出问题的意识是探究式教学中的重中之重，当学生有了提出问题的意识后就有了解决问题的欲望，也就愿意跟随教师去探究、思考和实践。

由此可知，提高学生参与数学探究式教学活动的积极性，不仅需要教师发挥自身的教学能力，而且需要学生真正地投入到探究式教学活动中，这就显示出适当教授学生一定的探究学习方法和策略是十分必要的。

3. 营造课堂和校园的探究氛围

教学环境是由课堂空间、课堂师生人际关系、课堂质量和课堂气氛等因素构成的，良好的教学环境和氛围有利于提高学生参与探究的积极性。

一方面，要重视创建一个和谐的校园探究氛围。综合考虑校园教学环境中的各个方面，为学生打造一个既干净明亮，又充满探究氛围的学习环境，使学生进入校园时，能够积极主动、轻松自由地加入学习活动中去。可以想象一下，倘若学生有一个干净而明亮的教室、开明的教师、能够共同合作的同学，那么他们一定会更加愿意学习，更加积极主动地参与探究，而且学生可能并不会觉得参与到探究学习中是一件非常劳累的事情，他们会从中找寻乐趣，将被动学习变为主动探究。

另一方面，要重视创建课堂中的探究氛围。教师可以联系生活创设一定的真实情境，提出比较生活化的数学问题，在课堂中将学生引入这种情境中，学生自主地进入探究学习活动中，在解答问题的过程中逐渐领悟探究的真谛，并获得数学知识。在初中数学探究式教学模式中，学生的探究兴趣不仅与教师和学生自身有关，而且也与学习的客观环境有关。因此，应该注重营造和谐的探究氛围。

（二）开展任务驱动教学，引导学生深入探究

任务驱动教学也是建构主义教育学家提出的教学法之一。任务驱动是指所有学生在教师的指导下围绕同一个目标努力。苏联教育实践家瓦·阿·苏霍姆林斯基（B. A. Cyxomjnhcknn）认为，学生在发展时，内心都希望自己能够成为一个探索家。这就说明，学生对万事万物都保持着好奇心。教师可以利用学生的这一特性开展任务驱动教学，引导学生进行深入探究。教师在开展任务驱动教学时，要观察学生对事物的好奇心，充分利用学生的好奇心，将学生的好奇心转变成兴趣，以此设置探究任务。长此以往，学生的好奇心不断得到满足，便会使其心理发展形成良性循环，进而促使他们形成良好的探究习惯。

在开展任务驱动教学的过程中，要注意立足于最近发展区，并且设置的探究任务应该具有针对性，不可盲目设置任务，要结合重难点和教学目标，有目标有方向地进行任务教学，要让学生在探究过程中内化知识、应用知识，这样才能使学生的探究能力得到提升。

（三）采用多媒体进行直观教学，发展学生抽象思维

初中数学含有大量的几何知识，这些几何知识对于抽象思维能力较弱的学生来说十分困难，这就使得这类学生产生了畏难心理。学生的认知过程是由形象具体到抽象提升的过程。初中生已经有了一定的生活积累，利用多媒体创设的图形更加直观，也更加贴近生活，能给学生熟悉感，克服学生的畏难心理，拉近学生和几何的距离。

数学历来被认为是刻板的学科，很多初中生因为受到经验、已有知识和思维的限制，在课堂学习中很难把直观想象思维建立起来，又正处于青春期，对待数学难免厌倦甚至抵触。因此，在教学中激发学生兴趣、唤醒学生主动性至关重要，采用多媒体教学将使其得心应手。首先，借助多媒体的动画、视频、音频功能，原本抽象的数学知识被更直观地呈现。例如，在学习勾股定理时，学生无法理解勾股定理的验证过程，教师可以把图形从分割到拼接的过程呈现在多媒体中，使学生更直观地学习勾股定理。其次，利用多媒体教学可以使枯燥的数学课堂变得有趣。例如，在课堂开始时播放歌曲或视频可以集中学生注意力，快速地将学生"拉进课堂"。最后，多媒体使数学课堂教学更便捷。对于初中生而言，几何知识比较复杂，难度较大，教师一般需要借助黑板板书，但需要占用大量的上课时间并且需要较好的绘画功底。教师使用几何画板等绘图工具使几何图案更加直观，同时也降低了学生学习几何的难度。现如今，许多教师习惯使用多媒体展现课本中的例题及中考真题，这种方式在一定程度上节省了时间和精力。

（四）健全探究评价，促进学生发展

对学生的探究进行评价时，不仅要重视学生在探究中对数学知识的学习，还要重视学生的探究学习成果，这就需要教师灵活运用合理的评价方式，得出较为客观合理的评价结果。初中数学教师对学生的探究学习成果进行合理的评价，不仅有利于教师自己对数学探究式教学的深刻理解，还有利于教师在开展探究式教学的过程中发现不足和不完善的地方，以便及时反思并改正，保证探究式教学课堂的质量。

1.实现评价方式的多样性

在初中数学探究式教学模式中，考试的方式也可以有很多种。如每一学期末都有期末考试，数学教师就可以分析学生的数学期末考试成绩，从而得出学生对于本学期数学知识的掌握情况，哪些部分掌握得比较牢固，哪些部分掌握得不太牢固，进而做出相应的措施。依据学生的数学期末考试成绩对学生进行评价是比较简单直接的方法。除此之外，教师也可以在一节探究式教学课堂结束后，针对学生需要掌握的数学知识进行随堂检测，也可以比较直观地看出学生在这节课中对本节数学知识的掌握情况。当然，测验的内容既可以是教师在课堂上讲授的相关数学知识，也可以是学生在课堂中延伸出来的内容。学生完成随堂测验后交给教师，教师可以在下节课进行适当的评价和反馈。

教师也可以把学生在数学探究式教学课堂中的探究情况贴在教室的墙上，展示学生学习的相关状况，也可以作为评价学生探究技能的掌握与运用情况的依据。学生在数学探究式教学课堂中的表现也是非常值得重视的，教师应该在课堂中多多关注，并注重评价学生在数学探究式教学课堂中的表现。

教师对学生的评价也可以体现在平时的书面作业中。书面作业是学生探究结果的另一种表现形式，可以从侧面反映出学生能否自主地去思考、探究和通过动手操作去解决问题；学生能否不局限于教师所讲授的解决问题的办法，而有发散意识地尝试找到更为简便的解决办法；学生是否愿意与其他同学组成合作小组一起探究和解决问题等。

教师可以通过在书面作业中写简短的评语、评等级或画一些简单的图案等方法对学生进行评价，尽量都是正面的和积极的评价，这样能够促进学生更加认真地完成作业，进而使学生在探究后乐于与教师进行交流和沟通。

2. 注意评价内容的全面性

在初中数学探究式教学课堂中，对学生进行评价的目的是使学生能够清楚地认识到自己在探究中的表现，知道自己的问题和不足，以便学生对自己的问题和不足进行改正，从而激发学生对探究的兴趣，培养学生的探究精神和能力。初中数学学科的教学是为了使学生体验数学知识形成过程中的乐趣，帮助学生养成乐于探索的良好习惯，并为学生以后的学习奠定良好的基础，并不仅仅是为了让学生在数学考试中拿高分，或是在参加一些选拔性考试时得好名次。

因此，在学生的评价内容方面要注意：一方面，既要对学生探究的结果进行评价，也要关注学生参与探究的过程，做到结果性评价和过程性评价相结合。教师在对学生参与探究的过程进行评价时，要对学生多表扬和鼓励，激励学生更加积极地参与到探究中来。另一方面，既要注重对学生探究能力水平的评价，也要注重对学生在探究过程中表现的评价，做到探究能力评价和探究情感评价相结合。每个学生的探究能力是不同的，因而在探究过程中的表现是不一样的，要注意对学生在探究过程中表现出来的情感、思维和特征等方面进行评价，而不仅仅是对探究能力进行评价。

3. 制订学生个人评价表

在初中数学探究式教学课堂中，当教师提出一个需要解决的问题时，大部分学生都会积极主动地去探究解决问题，但是各个学生的探究能力并不是一致的。

因此，教师在评价学生的表现时要考虑学生的个体差异。正如世界上没有完全相同的两片叶子，世界上的每一个学生都是独特的个体，所以教师在评价学生时既要看到学生的整体表现，也要看到个别学生的表现。教师不要用探究能力比较强的学生去作为全部学生的探究标准，要看到每个学生自身探究能力的变化，从而让学生有继续思考问题、参与探究的兴趣。

在数学课堂中，教师在对学生的探究能力进行评价时，除了要注意评价方式的多样性、评价内容的全面性，还可以制订学生个人的评价表。在学生的个人评价表中，可以包括以下内容：课堂中学生数学小测试的成绩，记录学生的进步；学生在探究中的表现、对数学知识的探究兴趣、对问题的解决情况、对困难的克服情况等，这为教师对学生进行评价提供了依据，同时也能让学生清楚地看到自己在探究中的表现；学生完成探究作业的情况，教师可以在评价表中呈现对学生探究作业的评价，以便于学生能够从个人评价表中看到教师对自己的反馈，让学生对自己的探究作业进行反思。

健全探究式教学的评价有利于消除一部分学生长期以来对数学消极待学的心态，也有利于激发学生对数学学习的兴趣，提高学生对数学学科的重视程度。

第五节　初中数学支架式教学模式

一、支架式教学模式概述

（一）支架式教学模式相关概念

1. 支架

（1）支架的含义

支架又称为"脚手架"或"鹰架"。该词最初运用于建筑工地，指工人在修建房屋初期为了解决高处作业时垂直和水平运输问题而搭设的架子。房屋建好后，工人会将支架撤离，这说明支架具有短暂性的特质，但房屋的修建成功离不开支架的搭建，说明支架又具有必要性的特质。20 世纪 70 年代，美国心理学家杰罗姆·布鲁纳发现，建筑工地工人使用脚手架辅助完成目标与母亲在孩子婴儿时期给予帮助是相似的，于是布鲁纳 1976 年首次将"支架"一词运用于教学之中，由此"支架式教学"被正式提出，之后的学者受到布鲁纳的影响对"支架式教学"展开了多维度的研究。

苏联心理学家维果茨基将支架引入教育心理学之中，将支架比喻成辅助儿童成长的工具，这种工具是随着儿童的认知成长而逐渐取消的，直到儿童可以完全借助自己的力量实现目标。

总之，高于学习者学习水平的人可以为学习者搭建支架，以此完成学习水平的提升，当学习者对知识掌握后，支架的提供者应当将支架撤离。

（2）支架的分类

学习支架的分类形式多样，学术界没有划分的标准，研究者从不同角度将学习支架分成不同类型。

①学科型支架。学科型支架的搭建者会根据学科的特点进行支架的搭建。如我国学者陆建勋将学习支架分为工具支架、实验支架、建议支架、范例支架、图式支架、实验支架。[①] 我国学者许龙梅结合语文的特点，将教学支架分为问题性支架、情境性支架、知识性支架、趣味性支架四种。[②] 我国学者曾凤蓉依据课堂形式，将支架分为实践式支架、问题式支架和情感式支架三种类型。[③]

②表现型支架。表现型支架不具有学科指向性，教师只需选择适合学科的支架来运用即可。如我国学者曹亚玲将支架分为问题支架、建议支架、图表支架、范例支架。[④] 我国学者周子房将支架划分为程序支架、概念支架、元认知支架、策略支架。[⑤] 我国学者李春艳将支架分为资源支架、问题支架、范例支架、图表支架、评价支架、情感支架。[⑥]

③逻辑型支架。国外学者将逻辑型支架划分为以下三种。第一，分散性支架。此类支架是指教师或者能力更高者为学习者提供支架，且支架与目标是一一对应的，一个支架只服务于一个目标。第二，重复支架。此类支架是指支架的建构者根据目标的要求，为学习者提供不同的支架，其目的是让学习者跨越"最近发展区"，在这之中，支架与支架之间是独立存在的，众多支架服务于同一个目标。第三，协同支架。此类支架是指支架的建构者根据目标的要求，为学习者提供不

① 陆建勋.例谈初中物理支架式教学中的支架分类 [J].中学物理，2016，34（6）：18-19.
② 许龙梅.为学生语文学习搭建支架：语文名师课堂导语设计 [J].语文知识，2014（5）：36-38.
③ 曾凤蓉."支架式语文"教学的支架类型探析 [J].中国教师，2015（20）：67-70.
④ 曹亚玲.美国小学母语写作教材中的写作学习支架研究 [D].上海：上海师范大学，2020.
⑤ 周子房.写作学习支架的设计 [J].语文教学通讯，2015（增刊3）：10-15.
⑥ 李春艳.支架式教学策略在开放教育中的应用研究：基于建构主义理论 [J].成人教育，2016，36（10）：49-52.

同的支架，支架与支架之间是相互联系的，且上一支架搭建成功才会有下一支架的产生，最终完成目标。

④混合型支架。根据支架的使用范围将支架分为一般支架和特殊支架，一般支架也称为通用支架，这些支架灵活性极强，教师可以依据实际情况合理选取。混合型支架是通用型支架和学科型支架的混合体，其优点是弥补了通用型缺乏针对性和学科型缺乏普遍性的缺点，教师可以在教学中更加灵活地选择支架。

（3）搭建支架的原则

①引导性原则。以学生为主体促进学生自主学习要以引导性原则为基础，而在支架式教学过程中教师引导作用的发挥要通过教学支架来体现。引导性原则要求教师搭建的支架是具有启发性的问题，以吸引学生的注意或者是课堂上能够启发学生的思维，帮助学生的思维实现有效迁移，并且通过这个过程学生仍然有信心参与到后续的学习当中。因此，教师在教学过程中提出的问题要能够启发和引导学生，教师要基于学生的实际状况和"最近发展区"搭建问题支架引起学生的注意，这样才能有效发挥问题支架的引导作用。教师与学生交流时要注意增进师生之间的情感，上课语言要经过一定的提炼，要从学生的实际出发启发学生，帮助和引导学生积极投入到学习过程当中，从而有效解决课堂上的重点和难点。引导性原则对数学教师的教学能力有更高的要求，它给教学带来了考验，但只有教师搭建的教学支架具备足够的引导性，学生在学习过程中才不至于迷失方向，才能朝着正确的方向参与到学习当中，从而提高学习效率。

②适时性原则。在给予支架帮助时，既要确保搭建支架的有效性，也要注意支架呈现的时机。教材知识点呈现的脉络是应该考虑的一方面，从教材的引入、思考、例题、习题出发可以让教师把握好支架呈现的时机；学生的学习能力也是要考虑的一个方面，不同的学生在掌握知识的效率方面会有差异，这就需要教师能够统筹兼顾，在搭建支架提供帮助时确保班上大部分学生都能够乐于接受支架的帮助。此外，要适时调整支架呈现的时机，在课堂上教师面对的是一群心智发展还不够成熟的青少年，因此在进行支架式教学时会出现一些不同的教学问题，其中有些是教师没能预设到的，教学问题的出现有时会打乱支架式教学进程，这就要求教师要学会随机应变、适时调整支架呈现的时机，而不是生搬硬套之前预设的支架式教学流程，在确保教学过程完整、有效的基础上实现对教学问题的正确处理是教师在进行支架式教学时需要掌握的技能。

教师在学生认知遇到困难或需要帮助时给予其指导，为其搭建支架能起到很好的效果，这不仅能够解决学生的学习困惑，还能加深其对所学知识的理解。

但要注意，支架呈现的过早难以培养学生的探索和思维能力，太晚会让学生因遇到更多的困难而导致失去学习的信心，难以达到理想的效果。在撤去支架时也要注意时机，太早会导致学生对知识的理解不透彻，太晚会让学生产生对支架的依赖，难以提高学生的自主学习能力，因此教师要随机应变、适时调整支架呈现的时机。

③动态性原则。在进行支架式教学时，由于授课内容、学生能力、教学反馈不尽相同，学生的"最近发展区"也会有所变化，因此教师在搭建支架时要考虑这个问题。支架的搭建应是动态的、调整的，教师要根据学情适时调整和更新支架的形式和内容，但要确保其处在学生的"最近发展区"内。在学生达到当前支架的知识水平时，教师再将这个支架撤销并提供新的支架，在这个过程中所提供的支架会逐渐减少直到最后学生达到目标水平，支架消失。虽然说支架的作用与工人在建筑楼房时使用的脚手架有相同之处，都是为了达成目标而提供支持帮助，但建筑楼房使用的支架是不会变化的，直到所建楼层从地基到顶层支架拆除，而教学支架是动态变化的，在此过程中边设边消，支架的难度逐渐提高但量逐渐减少，从而实现学生的动态发展。课堂上学生的学习状况和反馈情况是不同的，因此教师要善于观察课堂的情况，及时、动态地调整教学支架，让学生减少注意力的分散，更加专心地投入学习当中，在提高学习兴趣的同时主动地投入课堂互动中，而不是单调地、机械式地接受所学内容。从学情出发搭建的支架有助于学生同化所学知识，使学生的创新意识和思维能力等得到极大提高。因此，动态性也是搭建支架要考虑的原则之一。

2. 支架式教学模式

支架式教学模式以建构主义为指导思想，起源于西方发达国家的一种新型教学模式。美国著名教育学家杰罗姆·布鲁纳及其同事在研究母亲如何影响幼儿语言发展的过程中，发现母亲在给予幼儿的支持与建筑行业支架所具有的作用极为相似，虽然这种帮助很短暂但非常必要，在此之后布鲁纳根据维果茨基的"最近发展区"理论将母亲对幼儿提供的这种帮助与支持扩展到了教育领域，由此提出了"支架式"教学模式。[①]

对于支架式教学模式的具体概念，学术界可谓仁者见仁、智者见智。虽然学术界对支架式教学的具体概念还没有统一的界定，但有一个共通点：都体现了建构主义相关理论中教与学的观点，教师由主导者转换为支持者、引导者、协助者。

---

① 赵南，徐利新. 对教师支架类型体系的理论探索 [J]. 学前教育研究，2005（增刊 1）：23-25.

现阶段，国际上就"支架式"教学模式进行了诸多研究，相对而言，由欧共体发表的"远距离教育与训练项目"（DGX Ⅲ）中的阐述更被接受和认可："支架式教学模式为学习者理解并建构知识体系提供了一种概念框架，这种框架中的概念可以为学习者进一步领会知识内容提供帮助，同时需注意要事先把繁杂的学习任务加以分解，并基于该框架提供的支持和帮助，使得学习者对知识的理解更为深入。"[①]

综上所述，支架式教学模式是一种全新的教学模式，我们可以把支架式教学模式理解为：在建构主义指导思想下的以学生现有发展水平为基础，即依据学生的"最近发展区"，教师利用概念框架、情境、协作等学习环境要素为学生提供暂时性的帮助，并最终使学生自主完成对知识的意义建构，达到目标发展水平的教学过程。

（二）支架式教学模式的特征

1. 依存性

依存性是指依存于学生的"最近发展区"，也就是说支架的合理搭建必须在学习者的"最近发展区"之内，即在"最近发展区"开展相应的教学活动。学生存在差异性是客观事实，为此，教师在安排教学活动时，需先深入了解学生的实际情况，据此选择对应的支架，以便于学生的需求得到满足，最终使所教授的内容既高于学生的现有知识发展水平，但也不超过学生所能达到的最高水平，在发散学生思维的同时也能大大强化学生的学习兴趣。教师在教学过程中应准确把握学生的"最近发展区"，并据此提供适宜的支架，学生通过教师提供的支架帮助，逐步向"最近发展区"迈进，跨越现有发展水平和潜在发展水平的鸿沟，从而完成对新知识的意义建构。

2. 动态性

动态性是指在课堂教学过程中构建的支架不是一成不变的，而是一个动态的过程。支架式教学的动态性是指教师在为学生搭建支架时，这个支架只是引导学生、辅助学生的一个工具，伴随着学生认知水平的不断提升，支架要逐渐拆除；或者在学生独立解决问题的过程中，教师要根据学生认知发展水平以及问题完成情况切合时宜地撤离支架，直至最后学生独立完成自主学习的探索过程。

---

① 张琳琳 . 支架式教学在高中思想政治课中的应用研究 [D]. 开封：河南大学，2021.

3.发展性

发展性是指教师在支架式教学活动中，随着学生阶段学习任务的完成，支架也在逐步地变换，即学生在支架的帮助下使自己的认知状况和学习能力达到新的水平后，在迈向更高水平的过程中搭建新的支架，并最终跨越学生的"最近发展区"，完成学习任务。由于每个学生的知识水平和能力水平存在差异，在实际教学过程中，教师提供的支架要符合学生的知识水平和能力水平以及心理发展状态，根据学生在不同学习阶段的发展状况及时地采取不同的、具有发展性的支架来协助学生完成新的学习任务。

（三）支架式教学模式的原则

1.针对性原则

在支架式教学过程中，教师应根据教学中的实际情况，充分了解学生的能力和潜力并做出合理判断，从而科学有效地进行教学安排工作。支架是根据学生当前的知识发展水平搭建的，由于不同学生群体之间的认知和能力水平有差异，对事情的理解角度也不同，因此，学习支架的搭建必须具有针对性。

由于不同学生的成长环境、知识水平各不相同，如果以同一个标准为学生提供支架，对于学习成绩好的学生来说没有挑战性，能力得不到提高；对于学习成绩差的学生来说困难重重、毫无收获。这两种情况对于学生的知识水平提升以及身心发展都无益处。因此，一方面应从学生实际出发，使教学深度能被大多数学生接受。在遇到枯燥、难懂的知识点时，防止一味照搬课本的"本本主义"，教师可以根据具体情况增加实际案例。同时，对于个别接受能力强、希望有深度延伸、不满足于按部就班学习的学生，教师可以根据他们"最近发展区"的特点，有针对性地实施教学。另一方面应依据学生个体认知的差异，有针对性地提供支架支持。

2.适时性原则

适时性原则强调教师要在合适的时间做恰当的辅助，即在学生恰好需要帮助的时刻提供适合的支架。首先，教师应该依据每个学生的实际情况，把握学生已有的知识发展水平，设计出适合每个学生发展的学习支架。其次，及时、准确的反馈是保证教学质量的关键。最后，因为学生的"最近发展区"并非固定不变，也就是说，学生的该区域是动态变化的，对于教师而言，需及时跟进了解学生的实际学习情况，同时据此来调整教学活动。新课程改革要求教师在教学理念、教学方法、教学内容等方面都应当贴近日常生活，尤其是贴近学生的日常生活。因此，教师在教学过程中适时与学生生活实际相融合，这样的课堂教学才是具体的、生动的，而不是泛泛而谈。

3.学生主体原则

在传统的数学教学中，更多是教师课堂讲、学生被动听，学生的积极主动性并未得到有效的发挥，虽说当前有很多教师乐于接受新课程改革理念，但在实际教学过程中教师仍然会占据大部分课堂时间，这不仅削弱了学生学习的自主性，还让课堂氛围变得枯燥、乏味。学生主体地位的发挥不仅是数学课堂所需要的，还是支架式教学所要具备的，因此教师在进行支架式教学时要以学生为主体。

以学生为主体的教学原则首先要考虑学生已有的知识基础，教师要能够预见学生在学习过程中可能出现的困难和障碍，以此为基础搭建教学支架；其次搭建教学支架的难度要适中，以使学生通过努力能够达到；最后在进行支架式教学时要能够培养学生的学习兴趣，让学生能够主动参与，而教师更多起着引导的作用，同时在教学过程中要根据学生的反馈情况适时调整教学支架。

4.问题中心原则

在进行支架性教学时，问题支架是十分重要的支架类型，它不仅可以帮助学生学习新知识，还可以通过解决问题提升学生的问题思维能力。所谓问题思维能力是指学生善于提问、敢于质疑、具有问题意识的能力，以问题为中心可以暴露出学生当前学习的不足，以问题为载体既可以提升学生的必备品格和关键能力，也可以增强学生的合作交流能力。初中生的认知发展水平大体处于形式运算阶段，学生的思维具有一定的独立性，也能够批判地看待事物，这时问题可以作为有效的催化剂，促进学生思维更好地发展。在支架式教学过程中，教师可以在重要的环节通过提问的方式引导学生，让学生在思考探究中实现思维的发散，从而进行创新。

5.兴趣提高原则

兴趣是最好的教师，浓厚的学习兴趣能促使学生更加专注地投入数学学习当中，在学生正确解决数学问题时，教师给予一定的表扬有利于提高学生的数学学习兴趣，但对学生的表扬不是为了表扬而表扬，应当有理有据，要让学生体验到学习成功的乐趣，进而提高其数学学习的兴趣。初中生的情感体验还不够成熟，教师在教学时要考虑学生的各种非智力因素，既要让学生掌握新知，又要提高学

生的数学学习兴趣，这不仅能够拉近师生之间的距离，还能让学生乐于去学习
数学。

（四）支架式教学模式的环节

支架式教学基本环节的研究成果非常成熟，且国内外学者的观点如出一辙。
何克抗教授提出支架式教学由搭建支架、创设情境、独立探索、合作学习、效果
评价五个环节构成。[①] 基于此综合分析前人的研究成果，支架式教学由以下五个
环节组成。

1. 搭建支架

确保支架式教学顺利开展的关键环节就是搭建支架。教师在选择教学支架时
时要兼顾学生的认知发展特点与原有的知识基础，在学生的"最近发展区"内进
行有效教学。围绕设定的学习任务，以提高学生学习能力为目标搭建适宜的"脚
手架"。与此同时，教师应紧跟学生的学习脚步，综合评价学生对知识的掌握情况，
对学生可能出现的困难做出预判，并以此为基础，设置有效的支架指导学生解决
问题。[②] 此外，教学的深度与支架的出现次数是成反比的，即随着知识的不断深入，
支架逐渐"消退"。

2. 创设情境

教师在教学前应根据教学内容创设情境，将意识形态中的教育转变为教学实
践，有指向性、创造性地利用特定教学手段让学生在情境中建构对知识的理解，
激发学生内在的学习动机。无论是课前的问题情境或是文本导读都要有实际意义，
不能浮于表面、流于形式。情境的创造需要教师高效地加工处理教学内容，并能
积极地作用于后续的教学。

3. 独立探索

独立探索阶段强调学生的独立性与独特性，要留给学生充分吸收知识、思索
问题的时间。与此同时，教师要搭建合适的教学支架帮助学生解决难题、渡过难
关。因此，教师在此过程中要注意观察学生的探索进程，及时关注学生的困惑。
随着时间的推移，学生在学习活动的持续开展中获取的知识不断增多、学习能力
逐渐增强，教师应适时撤去教学支架，让学生在没有外界帮助的情况下独立探索，
形成自己独特的理解。

① 何克抗. 建构主义教学模式、教学方法与教学设计 [J]. 北京师范大学学报（社会科学版），1997(5)：
74-81.
② 王倩倩. 基于支架式教学的高中学术著作类整本书阅读教学研究 [D]. 大连：辽宁师范大学，2021.

4.合作学习

教学不是"无声电影"，也不是教师或学生的"独角戏"，它需要教师与学生、学生与学生之间的多方互动。合作交流为生生之间提供了分享的时机。学生有着不同的元认知、不同的知识基础、不同的"最近发展区"，因此每个学生对于相同的学习内容会有不同的见解，各种各样的思想汇聚在一起，形成了一个丰富的知识宝库。学生在小组合作中交流讨论，共享思维成果，能够更加深刻、全面地构建对知识意义的学习。小组合作前，教师需要充分分析了解学情，并以此为依据划分学习小组，学生应明确小组成员及其职责，教师必须对学习程度及小组合作情况及时跟进，当出现合作小组难以解决的困难时适时给予支架帮助，推动合作学习平稳进行。

5.效果评价

随着学习内容的不断深入，学生已经掌握了一定量的知识，教师需要对学生的学习活动及学习结果进行评价，评价主体的多元化有利于避免评价结果的单一性。从多元化的评价主体来看，包括"教师评价、学生自评、学习小组对学生本人的评价"。过程性评价作为贯串教学始终的评价方式有助于及时反馈学生的学习情况，推动学习活动的顺利进行，弥补终结性评价的缺口。因此，教师在教学前、教学中以及教学后都要与学生平等交流，客观地评价学生。评价内容也并不只局限于学生最后的学习成果，同时还应包括学习能力、小组合作交流能力等。

二、初中数学支架式教学模式的应用价值

（一）培养数学思想方法

从支架式教学的定义，我们可以看出它的开展是以学生的思维探究为核心的。在开展的过程中，教师需要建立框架、提供方法，这与化归思想、数形结合思想有着密切的联系。所以，在初中数学课堂中开展支架教学能够让学生的数学思维能力、学习能力、分析能力等数学综合素质得到有效提高，有利于学生的全面发展。

（二）提高学生创新思维能力

数学的世界具有变化多端的特性，其体现为一道题往往具有多种解答方法。在以往的数学教学课堂上，由于课堂时间有限，教师往往只是讲解其中一种最为

简单易懂的解题方法，这导致学生只能局限于一种解题方法，而忽略了其他可行的解题方法，限制了学生创新思维能力的发展。而在支架式教学当中，学生借助教师创设的"支架"进行探讨分析，在这一过程当中，学生掌握了课堂的主动权，也因此各种关于问题的解答方式就都被展示出来。

三、初中数学支架式教学模式的实施策略

（一）以学生为中心

在传统的教学模式下，教师往往处于教学活动的主导地位，而学生则是被动地接受知识。在这种模式下，学生学习的效果和学习的积极性都不佳。建构主义主张学习应是学生主动地进行知识建构，而不是被动地吸取知识，教师是教学过程的支架提供者，支架式教学将学习的主动权交给学生，由学生主动地建构知识支架。在教学设计中，教师要围绕着学生的学习来进行设计，需要考虑学生在每一个教学环节中的学习接受程度，围绕学生每一步需要学习的任务来进行设计。教师可以和学生共同制订学习任务和目标，让学生更加积极主动地参与到教学过程中。

（二）巧妙构建问题支架

教师通过提供问题支架来营造合适的教学情境，这种教学情境对学生知识的有效建构起着重要的作用，能让学生的知识建构取得非常好的效果。在支架教学中，选取合理的问题支架需要综合考虑多方面的因素，如教学内容和教学目标、学生实际发展水平、问题是否能够吸引学生的注意等。同时每个教学小任务的问题支架都需要符合学生的认知能力和发展能力，教师通过巧妙地提供问题支架，帮助学生提高学习兴趣，进而提高课堂学习效率。

（三）以互动为中介

加拿大发展心理学家梅维斯·赫瑟林顿（Mavis Hetherington）和美国社会学家罗伯特·E. 帕克（Robert Ezra Park）认为在教学中，适当地给予支架可以帮助学习者更好地建构知识，且这些知识仅靠学生自身去探索是较难习得的。这些知识需要通过与教师互动沟通来传递，教学不仅要传授知识，还要让学生适应社会发展。让学生学会交流是教师使用支架式教学的前提条件，支架式教学注重学生的主动探索，需要与学生互动，但如果学生不懂正确的课堂交流和沟通方式，就会使得课堂纪律差、教学不能较好地进行。良好的交流沟通有助于更好地帮助学

习者建构知识,同时情感支架在支架式教学的互动交流中也起着非常重要的作用。初中数学相对于小学更加地抽象,如果教师仅仅自己讲,容易让学生对数学的学习产生厌烦,学习数学的兴趣不够浓厚,会间接导致支架搭建不成功。在这个时候,教师应该用丰富的手段来创设情境,与学生互动,让学生积极地参与到数学课堂中,提高学生的学习乐趣。

（四）以多元评价为指导

1. 个性化与量化评价相结合

在课堂评价中,教师可以根据评价指标制订课堂评价量表,为学生的课堂表现进行打分,通过打分能帮助学生了解自己的课堂学习情况,帮助学生有针对性地进行学习反思。在教学中,教师需要根据每个学生的实际情况进行个性化评价,个性化评价能够帮助学生更清楚地了解自身存在的不足,帮助教师清楚地知道每个学生的实际发展水平,针对实际发展水平给予相对应的"个性化"支架。所以,在教学中,个性化和量化评价结合使用能更加全面地了解学生的发展状况。

2. 形成性评价

对学生进行评价不能只看学生数学成绩的高低,还要重视评价在学生学习过程中所起的作用,即形成性评价。评价不仅要看某节课上学生的表现,还要及时反馈,促使学生在后续的学习中能够更好地参与教学,让不同层次的学生都能获得相应的发展。

在评价的过程中,评价学生的主体不仅限于教师,还可以是学生自己或者学习小组的其他成员,即学生的自评、小组内的学生相互评价以及教师对学生和学习小组的评价。同时在教师评价中,教师需要及时反馈对学生学习效果的评价。教师需要具备良好的组织能力,组织其他同伴将各项评价及时反馈给被评价者。评价的及时反馈对于学生可以起到促进和监督的作用,既能够让学生清楚自己的学习进度和程度,又能够帮助学生及时发现课堂中需要改正的问题。

第五章　初中数学教学评价

新课程理念要求教师采用有效的教学方式，而课堂教学评价可以有效地满足《义务教育数学课程标准（2022年版）》的要求。在教学评价中，教师应该注意评价不仅仅是关心学生的成绩水平，还要充分挖掘和发展学生的潜能，从而使学生在某种程度上有效地认清自己，进而培养他们的自信心，使他们在自身水平上获得提升。本章分为初中数学教学评价的理念、初中数学教学评价的内容、初中数学教学评价的策略三部分。

第一节　初中数学教学评价的理念

一、初中数学教学评价概述

（一）初中数学教学评价相关概念

1. 教学评价

所谓评价一般是指对人或者事物，特别是对人的工作价值的衡量。教学评价就是依据教育目标，科学地制订标准，运用系统科学的方法，合理地收集整理信息，对教学工作及其效果做出合理的价值判断。教学评价是用来衡量教学质量的主要方法，是促进教学发展的重要途径，也是提高教师教学能力和学生学习水平的最佳手段。教学评价的方法、教学评价的原则、教学评价的主体以及教学评价的标准等因素都直接影响到教学评价的结果，因此，进行科学合理的教学评价至关重要。由于教学评价的指标之间有很大的关联性，而在评价体系中体现各指标的独立性又是一件困难的事情，因此这也是我们要不断探索和研究的事情。

2. 课堂教学评价

课堂教学是指由相对固定的教师和学生在相对稳定的时间和空间内围绕特定的内容进行的教学活动，以班级授课制为表现形式，以全面培养和发展学生为目的，即特指上课这一特定时间段内的教师与学生在教室中开展的教学活动。

课堂教学评价是教学评价的重要组成部分，是指根据一定的教育价值观和评价标准，运用适宜、可行的评价手段，通过系统的资料搜集和分析整理，对师生在课堂上进行的教与学的活动过程及其效果做出的价值判断。课堂教学评价能反映课堂教学活动中教师的教学成效和学生的学习态度，其结果不仅能让学生对自己的优势和不足有更加深刻的认识，也能让教师对自己的教学进行深刻的反思和改进。

课堂教学评价具有多种功能，如导向、激励、预测、鉴定、诊断、改进、考核、管理功能等。现代课堂教学评价与以往的教学评价不同，以往的课堂教学评价过分强调其比较、鉴定和选择的功能，而现代的课堂教学评价应更加注重诊断、改进和形成的功能。课堂教学评价的真正目的是通过观察课堂教学的过程，发现学生学习的薄弱之处和教师教学的不足之处，进而改进学生的学习方式和教师的教学行为，师生携手打造更优质的课堂教学。

3. 课堂教学评价标准

评价是评价主体对评价客体进行价值判断的过程。在客体教学过程中，评价客体是课堂教学。评价主体依据是否参与课堂教学分为两类：一类是外部评价者，包括教学行政部门的人员，如教研员、评价专家、学校领导以及教师同行等；另一类是内部评价者，包括从事课堂教学活动的教师本人及学生全体。课堂教学评价标准是评估教学质量和教学效果的标准准则，是课程结构、教师表现和学习效果等方面的基础性标准。

课堂教学评价标准一般是确定一级评价指标和二级评价指标，然后评价者对照评价指标，评价本节课的教学。数学课堂教学评价标准是评价主体用于客观合理评价数学课堂教学活动最直接、最有效的工具，近年来课堂教学评价的重心由"以教论教"向"以学论教"逐渐转移，学者不仅关注课堂中学生学习的结果，还注重学生学习的过程以及掌握知识的情况。科学全面的课堂教学评价标准对教师的教学有指导作用，也对学生的学习有促进作用。

（二）初中数学教学评价的分类

1.按评价的作用分类

根据教学评价在教学过程中发挥作用的不同，一般可将教学评价分为诊断性评价、形成性评价和终结性评价。

（1）诊断性评价

①诊断性评价的内涵。美国教育家、心理学家本杰明·布鲁姆在1976年首次提出"诊断性评价"这一类型的评价，诊断性评价通常也可以叫做"教学性评价"或"前置评价"。诊断性评价旨在预测学生的状况，该状况包括学生的知识掌握状况、学生的技能状况和学生的情感状况。教师只有全面地了解学生，才能知道学生是否具备完成教学目标的条件。

"诊断"一词是从医学上过渡过来的一个概念，指的是通过在实际案例的临床分析中诊断出症结所在，以便对症下药。在教学中也是一样，要想取得一定的教学效果，就得准确诊断出学生所存在的问题和缺点，否则就无法进行下一步的有效教学活动；根据这种必要的诊断可以清楚地掌握学生的知识储备，方便教师因材施教。

在目前的研究中,大部分学者认为诊断性评价应该应用于教师在学年或学期、课程研制或课堂教学开始之前，事实上这是对诊断性评价的误解，将诊断性评价中的"教学活动"理解得过于狭隘，从而使诊断性评价的使用受到了局限。事实上，诊断性评价不仅能用于教学活动开始之前，还可以用于教学活动开展的过程之中，只要在教学活动的环节中察觉学生在学习过程中存在困难，就应当选择某种方法来诊断可能存在的问题。诊断性评价旨在呈现出学生学习过程和学习结果中的问题，并分析出现问题的原因，进而通过分析出的结果加以改进并适当调节教学方法。

诊断性评价具有诊断性、集中性、适中性、持续性的特点。诊断性具有探测性和追踪性两方面的特性。诊断性旨在明确地探测出学生在学习上存在的一些问题、困难和缺陷，并且能够诊断出这些学生存在的问题和缺陷有多少、有多严重。集中性旨在集中诊断某一特定的知识内容，具有针对性，集中性测验的目的是"确诊病情，对症下药"。适中性指的是诊断测验的难度要适中。试题要设置三个层次的难度：简单题、中等题和拔高题。简单题的目的是能巩固基础知识，中等题要让学生觉得简单而不单调。对于一些略微有难度的题，学生会带着挑战的心态完成题目，这样能够激发能力强的学生的学习兴趣。采取具有适中性和一定鉴别力的测验题可以全面地掌握学生学习的高低优劣。持续性指的是要有计划地、逐步地、不匆忙地完成测验，因为要满足诊断性、适中性和集中性的测验题的题量比较大，所以不能操之过急，要逐步测验。

②诊断性评价的功能。诊断性评价的功能在于其可以让教师足够了解自己所教的学生，了解学生对已有知识的掌握情况，以及学生的学习特点。通过教师对学生的了解，能够方便教师在后续的教学活动中比较有针对性地、及时准确地了解学生的学习状况，进而做出评价，诊断性评价在教学过程中主要有以下三点功能。

一是为教师设计和组织教学提供依据。教师以学生的认知特点和学生的学习特点为基础，设计适用于学生认知特点的诊断性评价，有助于学生发现自己的学习障碍，然后及时给出相应的教学策略或补救措施，可以帮助学生更好地排除学习困难，从而提高学生的学习兴趣，进一步有效地提高成绩。在日常教学过程中，应用系统的诊断性评价能够方便教师了解学生的知识储备和基础状态，深度读懂学生才可以教好学生，才能够方便教师因材施教、设计出更合理、更完善的教学计划，才能为教师设计更好的教学设计提供依据。

二是帮助学生及时解决学习困难，及时补救。对于大部分的学生，学习存在问题是由长期的消化不良等原因所导致的，学生的学习兴趣、学习成绩逐渐下降，大部分是因为一些问题没有马上解决，一直积攒下来所导致的。诊断性评价的应用恰好能够帮助学生自查学习状况，自我诊断是否具备学习新内容的知识储备、是否学会了新的教学内容等。诊断性评价可以诊断出学生的学习情况，进而帮助学生解决学习困难，及时补救困难。

三是对教学过程中大多数学生出现的普遍性问题进行集体补救。在日常的教学过程中，通常会出现大部分学生对同一问题存在学习困难的现象，通过诊断性评价能够诊断出大部分学生普遍存在的学习困难有哪些，是什么让大部分学生在同一问题上出现理解偏差的现象，以便及时采取集体补救措施。

（2）形成性评价

①形成性评价的概念。形成性评价是 21 世纪教学评价的新热点。在一个学期或者一个知识内容体系结束的时候，教师通常都会采取考试或小测评的方式对学生的学习情况进行一个检验并简要评价。但是这种评价方法，由于过于片面和单一，在某种情况下会对学生产生不好的影响，会使学生产生焦虑情绪和抵触心理。所以，在教与学的过程中，只是单一地采用终结性评价这一种评价方式可能是不妥当的。然而，形成性评价在很大程度上就能弥补以上评价方式的不足。随

着教育改革的推进，多元评价方式被更多人所推崇，我们可以将多种评价方式相结合、相补充，因时因地地进行选择。

国内学者王学锋认为形成性评价并不是为了证明学生对某一学习内容是否掌握，是否习得某一项技能；而是通过对学生学习全过程的了解，寻找一种最适合学生的学习方法，从而促进学生学习能力的提升。[1]

国内学者白晶、牛实华谈到，形成性评价就是通过在教学过程中得到的反馈信息，利用各种评价方法与手段，改进教学活动中的问题与不足，调节和完善教学。[2]

国内学者乃奕、宋伟在其研究中谈及，形成性评价是在教学过程中对学生学习内容的掌握情况以及教学效果进行分析了解，然后对学习内容掌握不好的地方及时进行教学补充，以促进学生学习发展的一种教学手段。[3]

国内学者刘明霞认为形成性评价是通过自评、互评、建档等一系列方法对学生的学习进度、状态、成果进行全过程、全方位的评价，一方面学生通过评价与反馈调整学习策略；另一方面教师根据学生在教学过程中的表现调整教学策略。[4]

国内学者王伟伟把形成性评价看作一个多元化体系，认为其评价的内容应多元化，评价主体、评价形式都应是多元化的。[5]

形成性评价又称为"过程性评价"，是在教与学过程中进行的评价，带有"自我纠正"的功能。形成性评价主要是对学生的全部学习过程进行持续的记录与观察，随时了解和掌握学生的学习情况，密切关注在学习过程中的情绪、情感、态度等的变化，以便及时发现学生在学习中出现的问题，通过不断地了解与分析，根据每位学生的实际需要，帮助学生及时解决学习中出现的问题，及时调整学习状态，促进教与学的进行。在此主要将形成性评价方法运用于课堂提问、观察记录和作业点评中，通过简单高效的课前提问，帮助教师以最快的速度检测学生对一些概念性知识、专业性词汇的掌握情况；通过对学生眨眼、视线的移动、打哈欠、低头、微笑、抿嘴巴、点头、眼睛睁大、皱眉等面部表情特征的观察，以最快的速度接收到学生学习情况的信息，了解学生学习内容的掌握情况，帮助其解决课堂困惑；运用多元主体参与"回课"的方法，使学生和教师从多角度、全方位地了解教与学的情况，及时调整教与学的进行。

[1] 王学锋.形成性评价中的自我评价：理论、内容与方法：以英语写作教学为例 [J].中共山西省委党校学报，2015，38（4）：125-128.
[2] 白晶，牛实华.形成性评价中的有效反馈策略研究 [J].黑龙江科学，2018，9（15）：52-53.
[3] 乃奕，宋伟.形成性评价在教育学教学中的应用 [J].现代交际，2020（7）：185-186.
[4] 刘明霞.运用形成性评价培养学生自主学习能力 [J].中国成人教育，2015（13）：157-159.
[5] 王伟伟.形成性评价在英语写作教学中的应用 [J].文学教育（下），2020（9）：97-98.

②形成性评价的方法。形成性评价是一种具有开放性、持续性的评价方式，主要通过教师课堂提问、学习日记、自评互评等方式对学生的学习情况进行评价。

一是课堂提问。课堂提问是一种最简便、最有效的评价方法，在教师教学过程中，根据教学内容设置问题在课上进行提问，它可用于课前、课中、课后。在课前的提问中，教师可以了解学生对上一节课内容的掌握情况，与新内容建立联系，在课中的提问中，教师可以直接感受学生对学习内容的掌握情况。在课后的提问中，教师可以用提问引导学生带着问题去阅读，带着问题去思考。

二是学习日记。学生将课程学习过程中的所学、所思、所感、所惑记录下来。例如，记录本节课的教学内容，对内容进行回顾性总结，对某一个知识点或学习方法的疑惑，对自我课堂表现的描述，同时也可以对教师本节课的教学做出评价等。采用学习日记的方式，可以引导学生对学习内容进行厘清和回顾，对自身的学习有一个正确的认知，培养学生的认知意识和自我反思的能力。

三是自评、互评。多元主体进行评价有利于学生从多维度、多角度辨别和判断，全面收集学习信息。自评即自我评价，互评是指学生之间互相评价，在评价之前，教师要制订一个有效的参照标准，给评价者以参考；学生根据教师所给出的评价标准，客观地对自己或同伴的学习情况进行评价，发现自己或同伴的优势与不足，反思、调控自己的学习过程，寻找最有效的学习方法。

（3）终结性评价

终结性评价也称为"结果性评价"，一般是指一个教学阶段结束或在教学活动告一段落时，对学生学习结果做出的评价。这类评价的主要目的是评定学生的学业成绩，确定学生达到教育目标的程度，证明学生掌握知识、技能的程度和能力水平。如期末考试、毕业考试和升学考试都属于终结性评价。

诊断性评价、形成性评价和终结性评价是了解学生数学学习水平的有效评价方式，三种评价方式各有其作用与价值。终结性评价着眼于某门课程或某个教学阶段结束后学生学业成绩的全面评定，具有事后检查的性质。其优点是简便易行，也较为客观，易于服人，但对课程实施过程中和学生的学习过程中出现的问题却无能为力，不能及时地有针对性地提出改进意见，只看结果不问过程，在评价的效果上也存在一定的局限性。而诊断性评价是在教学活动开始之前或教学活动开展的过程之中进行和实施的，能够反映出学习者的学习准备情况，使教学有针对性和可行性。形成性评价是在教学过程中进行的，侧重于教与学的改进和不断完善，较之教学结束后再去评价更有价值。因此，三种评价方式有机地结合起来，才能更好地达到评价的目的。

2. **按评价的方法分类**

按评价的方法分类，教学评价可分为量化评价与质性评价。

（1）量化评价

量化评价又称"定量评价"，就是把复杂的教育现象、教学活动简化为数量，进而通过对数量的分析与比较，推断某一评价对象的成效。对学生的数学学习成果的评价主要是通过教育测量、统计等方法和手段，收集数据资料，进行定量分析、处理，找到集中趋势的量化指标和离散度，给出综合性量化描述与判断。例如，某次考试，通过对全班数学成绩的平均分、及格率、各分数段学生人数或比率以及方差等量化指标的分析，便可以对全班同学这一阶段的数学学业情况等做出综合性的判断。

量化评价的优点是精确、简捷，而且很大程度上能避免人为的主观因素对评价的影响。但是，影响教学活动的因素有很多，所建立的量化课程指标体系只能考虑有限的几个变量，容易忽略数学教学中那些不可测量的重要因素，从而影响了评价的信度。

（2）质性评价

所谓"质性评价"，就是力图通过对数学教学活动过程中所表现出来的各种现象和因素进行调查和研究，来充分地揭示和描述评价对象的各种特质。

质性评价不追求数量化，而是关注个体在教学活动中的行为表现。它重视对被评价者的行为表现进行"质"上的鉴定而不是"量"上的描述。质性评价可以弥补量化评价的不足，对学生的个体发展十分有利。但由于质性评价的评价者和评价对象都是主体的人，因而不可避免地会受到各种主观因素的干扰，从而影响评价的信度和效度。

质性评价本质上并不排斥量化评价，质性评价与量化评价是从不同的侧面、用不同的方法对事物进行评价的，它们是互为补充、互相支持的。所以，只有将量化评价与质性评价有机地结合起来，才能对学生的数学学习和教师的教学效果有一个科学、全面、真实的评价，这也是新课程所倡导的数学教学评价方式。

3. **按评价的目的分类**

按评价的目的来划分，评价又可以分为发展性评价、选拔性评价和水平性评价。

（1）发展性评价

发展性评价是一种重视教学过程的形成性评价，也是一种过程取向的教学评价。它主张面向未来、面向被评价者的发展，强调对被评价者的人格给予尊重，重视评价对象的自我反馈、自我认识、自我调控、自我完善的作用。

因此，发展性评价是形成性评价的深化和发展。发展性评价的目的不是筛选出优劣和评出等级，而是根据评价反馈的信息，改进和调节教与学的行为，激励和促进个体全面、持续、和谐的发展。发展性评价在重视施教过程中静态、常态因素的同时，更加关注施教过程中的动态变化因素对课堂教学的影响。发展性评价强调个性化和差异性评价。

（2）选拔性评价

选拔性评价是为了甄别出优劣与等级的终结性评价，一般为高一级学校选拔学生或评优、评奖、表彰等服务。如中考和高考的数学考试就属于选拔性评价。

（3）水平性评价

水平性评价是为了检验被评价者是否达到了某个预先确定的标准。评价时把被评价对象与这个标准进行比较，依据其达到标准的程度做出价值判断。如学生毕业考试，按课程标准进行命题，考 60 分以上便达到及格，60 分以下便不及格。

此外，按评价的主体可分为自我评价和他人评价；按评价的表现形式还可分为真实性评价和书面评价；按价值标准又可分为相对评价和绝对评价。

（三）初中数学教学评价的价值分析

课堂教学作为教育环节中最基础的一环，其作用是不同寻常的。而作为能够促进课堂教学改进的课堂教学评价，其重要性更是不言而喻，具体表现为以下三点。

1.有利于促进学生的全面性发展

教学活动是教师与学生双向互动、交往的过程。即使教师的能力再高，如果离开了学生的配合，教学效果也是不理想的。因此，关注学生的整体表现是课堂教学评价所必须具备的。初中生的心理和生理发展并没有固定，而是具有变化性、发展性和不成熟性的，与此同时，初中生在自我认知和价值观上也并没有成型，所以说，在学生身心和价值观养成上都是具有很大提升空间的。

以往的课堂教学评价着眼于学生对某些知识点的掌握，而学生是怎样思考逐步解决某个问题的、学生的情感是否得到了升华，对这些的关注度是不足的。科学、公正、合理的课堂教学评价，能及时有效地反映学生在课堂上的整体表现，既能明确反映学生在知识上的了解，也能明确他们对解决某一些问题的方法，还能明确他们情感态度与价值观的形成情况。教师足够重视反馈，便能根据这些反馈结果及时调整自己的课堂教学，采用更加合情合理的教学方法，指导学生全身心地投入学习，这样学生的发展就变得更加全面了。

2. 有利于促进教师的专业化发展

只要有课堂，教师和学生自然会存在。在传统教学中，教师往往以学生的分数对学生进行评价，教师的教学目的是使学生多得分，所以课堂教学就只围绕着课本知识而展开，很少有教师能沿着课本的思路扩充自己的教学，课后反思更是无暇顾及，生成性的课堂教学就会变得越来越僵化。"学如逆水行舟，不进则退"，时间一长，教师的知识水平不但没有提升，反而会有所下降。在此背景下，教师的专业发展就会受到极大的限制。但新课程改革下的教师课堂教学评价能够更新教师的评价理念，这样就能够及时发现自己在课堂教学中的缺点以及未来需要改进的地方。为了更好地转变自己的课堂教学，教师会不断地学习专业知识，参考其他教师超前的课堂教学经验，改善自己的劣势。这样教师的专业化发展就会得到显著的改善。

3. 有利于促进课堂教学质量的发展

课堂教学评价可以调节课堂教学实践的推进，课堂上师生双方的互动是显而易见的，学生如果出现了消极的反馈，教师会及时反思调整自己的教学，从而实现教学目标。在这样的不断调整之下，教师不再成为课堂的"绝对掌控者"，学生也不再"被迫"接受教师的评价了，师生关系在无形中不再"剑拔弩张"，课堂教学质量也就自然而然地提升了。课堂教学质量是一个综合性、全面性的存在，它绝不仅仅是通过一张张试卷上呈现出的分数所能体现出来的。它既要反映出学生对学业知识的掌握情况，还要反馈学生的情感态度和价值观。

综上所述，课堂教学评价的价值是具有非凡意义的。它既可以让教师明确自己在教学中的成功之处与失败之处，又可以让学生明确自己在学习上的优势和不足。这样师生关系就变得更加和谐，课堂教学也就变成了一件让彼此都愉悦的事情，教学质量自然也就提升上去了。

二、初中数学教学评价的理念探讨

（一）重视学生数学学科核心素养的形成

数学学科具有不同于其他学科的特点，如高度的抽象性、严谨的逻辑性、应用的广泛性以及内涵的辩证性等。数学学科核心素养是数学课程目标的集中体现，是具有数学基本特征的思维品质、关键能力以及情感、态度与价值观的综合体现，初中数学课程要培养的学生核心素养包括：抽象能力、运算能力、几何直观、空间观念、推理能力、数据观念、模型观念、应用意识、创新意识。在进行数学课堂教学评价时，应该注重学生数学学科核心素养的形成。

想要帮助学生形成数学学科核心素养，数学课堂教学是最直接、最便捷、最有效的途径。教师可以通过合理选择课堂教学方式、安排学习方式、组织教学内容培养学生的理性思维、逻辑推理能力和空间想象能力；通过课堂练习，发展学生的数学计算能力，通过对实际问题的分析，将实际问题抽象为数学问题，用数学知识建立模型来解决实际问题。

同时，在制定初中数学课堂教学评价标准时，也应该关注是否突出了数学学科核心素养，评价内容应该包括：教学情境和教学目标的设计是否符合新课程标准的要求，是否体现了数学学科核心素养；教学内容是否注重数学解题思路的形成过程，是否有助于培养学生的逻辑推理能力和数学运算能力；教学方法方面是否注重数学思想方法的教学，是否有助于培养学生的数学思维，以及教学过程是否有助于数学学科核心素养的形成。由于数学学科核心素养是日积月累的，对学生的数学学习也有很大的帮助，因此在数学课堂教学的过程中，教师理应注重数学学科核心素养的形成。

（二）重视整体评价和阶段评价

开展数学教学评价活动的主要目的是通过不断地改进教学方式来提高教师的教学水平和学生有效获取知识的能力，进而提高整体的教学质量。在课堂教学评价的过程中，要体现教学评价的激励功能和反馈功能，通过肯定学生的达标速度，让学生看到其进步速度，产生获得感，通过教学评价激励学生对学习数学的自信心。教师通过作业和成绩的反馈，及时了解学生对数学知识的掌握情况，对学生理解不到位的地方加以纠正，及时调整教学方式，以培养学生的数学能力。数学教学评价在注重数学学科核心素养形成的同时，也要重视整体评价和阶段评价。

评价系统具有多元性和复杂性，我们不能做到面面俱到，但在评价的过程中应尽可能从多方面、多角度进行教学评价。这是新课程标准所提倡的，也是众多学者和一线教师所追求的。在进行数学教学评价时，要把评价的总体目标合理分配在数学教学评价的每个阶段，只有数学教学评价在每个阶段都达到预期的目标，取得相应的成果，数学教学评价的整体目标才能实现。"天下难事，必做于易，天下大事，必做于细"，因此，在进行数学教学的评价活动时，既要注重整体评价，也要注重阶段评价。

不管是整体评价还是阶段评价，都需要一个评价标准作为教学评价的前提，由于每个评价标准具有很大的主观性，无法做到普遍适用，因此，根据学校现状制定科学的数学教学评价标准就显得尤为重要，使用该评价标准进行阶段评价不仅能提高师生的教学和学习能力，还能丰富教学活动和教研活动。

（三）重视过程评价

在进行数学教学评价时，不仅要注重整体评价和阶段评价，还要注重过程评价，如果教师只关注学生的学习结果而忽略对学生的过程评价，将导致其无法充分了解学生在学习过程中情感态度及价值观的变化。

过程评价可以通过观察学生的学习行为和学习状态、记录学生在数学学习过程中的变化和发展，发现学生在学习过程中存在的问题，以及时调整教师的教学方式和学生在课堂中的学习方式。过程评价的目的在于考查学生在达到终极目标的过程中，不断明确其与终极目标存在的差距，通过过程评价的反馈，主动缩短其与终极目标的差距，进而促使学生终极目标的达成。

除此之外，教师还要观察学生的学习状态，记录并保留学生每次考试的成绩，分析学生在不同学段的数学学习成绩，通过过程评价跟踪学生的学习进程，让学生感受其在数学学习中的变化和发展，以此来增强其学习数学的兴趣。

想要充分了解学生的学习行为和学习过程，过程评价是必不可少的。

（四）重视学生的学习态度

具有良好的学习态度是学生顺利学习数学的重要前提，也是学生养成数学学科核心素养的必要条件。在初中数学教学的过程中，要重视学生的数学学习态度，教师可以通过营造良好的学习环境，在学生相互合作、相互帮助的过程中，促进学生形成良好的学习态度。学习态度的形成既是一个长期积累的过程，也是可以通过自己的约束而改变的过程。教师在数学教学中要善于观察，给予学习态度不端正的学生特殊关注和鼓励，让其意识到自己学习态度不端正会给数学学习带来弊端，同时在教师的鼓励和帮助下，主动转变学习态度并约束自己长期坚持，进而养成良好的学习态度。

良好的学习态度对于学生的学习至关重要，因此在制定初中数学教学评价标准时，必然要关注学生的发展，尤其要关注学生的学习态度，如要关注学生是否认真思考、是否主动学习、是否主动与其他同学交流等问题。在进行数学教学评价时，要做到以形成学生的数学学科核心素养为目的，以过程评价、阶段评价以及整体评价为手段，以关注学生的学习态度为关键进行数学教学评价。

第二节　初中数学教学评价的内容

一、初中数学教学目标评价

教学目标是统领性的，是教学的出发点和归宿，所以课堂教学评价必须关注教师预定的教学目标及其完成情况。

（一）目标的制订

教学目标的制订要突出全面、具体、适宜。全面体现在教师应根据《义务教育数学课程标准（2022 版）》确立的由"知识与技能""过程与方法""情感态度与价值观"三个维度构成的课程目标，理解总目标，把握各阶段目标。针对教学内容和学生的实际情况，具体制订每节课的教学目标。具体体现在表述应清晰、具体，显性描述知识技能的教学要求，切实提出主要的过程经历，列出伴随过程而进行的方法掌握、能力培养、数学思想渗透、情感态度教育等方面的要求。在考虑形成学生数学基本能力的同时，还要发展学生的探究能力、交流沟通能力、应用能力、批判反思能力和创新能力。所提出的教学目标要求，应符合学生的认知发展水平、心理特征和年龄实际，难易适度，体现先进的教学理念，并具有学段、年级、单元教材的层次性和可操作性等特点。

（二）目标的达成

教学目标的达成要看教学目标是不是明确地体现在每一个教学环节中，教学手段是否紧密地围绕目标，为实现目标服务；要看重点知识、技能、方法是否在课堂上得到了巩固和强化，学生对知识的理解掌握是否达到了目标所提出的要求等。

二、初中数学教学内容评价

教学目标决定着教学内容，教学内容决定着教学方法，三者是相辅相成的。在评价教学内容时要注意以下几点。

第一，教学内容的选择是否得当，它是否与教学目标相一致。

第二，教师教学的知识内容是否正确。

第三，教师不仅要关注知识点，而且对学生的情感、态度与价值观，以及能力等诸多方面也要予以考虑。

第四，教师是否从学生的知识结构等出发对教材内容做了必要的加工，如提出新观点、新主张，重新解读教材；或对教材内容进行二次创作，激发学生学习兴趣等。

第五，教师是否把传统的教材当作唯一的学习材料，是否充分考虑到学生已有的生活经验，整合学生已有的知识建构和各种能力结构，将学科教学内容引入更广阔的空间。评价时评价者需要理顺教材中的理论，归纳出教材的知识点，并使之系统化、条理化，不仅要自己理解教材中蕴含的思想和理念，还要从课堂中去解读授课者本人对于教材的理解，这是对教师理解的再理解。

第六，教师在一节课里安排的教学内容是否适量。当教学内容过少时，学生处于知识接受的"饥饿"状态，这不仅造成时间浪费和学生的"营养不良"，还会滋长学生的惰性；反之，当教学内容过多时，学生会精力不够、囫囵吞枣，造成"消化不良"，滋生逆反心理。

由此，从量的多少可以分析出课堂教学目标是否科学适度、教学目标的总量和教学进度是否合理、教学方法是否适合学生现有的程度及接受能力等，从而在总体上追求教学内容的适度平衡。

随着新课改的全面推行，教材也有了相当大的改进。改进后的教材不仅将学生的素质教育置于更重要的位置，而且还注入了合乎时代要求的新内容、新信息，加强了教材的可读性和教育性。

教师必须认识到，教学内容和教材内容并不等值对应，教学内容来自师生对课程要求、教材内容和教学实际的综合加工。在教学内容的组织和处理上，教师要准确地把握教学重点、难点和关键点，重视数学思想方法的培养；同时，要注意本学科与其他领域的联系，重视数学的应用。

三、初中数学教学方法评价

教学方法并无好坏之分，关键是看其是否有利于学生积极性的调动、是否有利于学生能力的开发和发展、是否有助于优化教学效果。虽然教法的选择服从于教学目标，但是不同的教师、不同的教学内容，不同的学生所适用的教学方法是不同的。教师在数学教学中应该根据实际情况，运用多种教学方法。因此，在教学方法的评价上应注意以下几点。

第一，要考虑教师的教学方法组合是否恰当，是否切合教学内容和教学目标。

第二，教师组合教学方法时是否符合下列原则：以发展学生智能为出发点；教学与学法有机结合；智力活动与情感活动互相配合；取长补短，优化组合。

第三，教学方法中是否有学生积极活动和参与的成分，是否注意到了多种不同方法的运用。

第四，教学方法有无独特之处，是否注意到了非智力因素（性格、情感、兴趣等）的培养。教师要根据教材的内容和学生的认知水平，指导学生以掌握知识和学习方法为目的，选择恰当的教学方法和教学手段，调动学生思维的积极性和主动性，激发学生学习的兴趣。

第五，教师是否采用了一些适合教材特点的课堂教学方法，对于教材的运用是否体现出以启发、说理、讨论、实践为主体的新教法。

四、初中数学教学过程评价

教学是按照一定的序列展开的，有着这样或那样的步骤，表现为若干个不同的环节。鉴于初中学生的心理特点及课堂教学的一般规律，初中数学课堂教学过程的环节可按复习铺垫—情境引入—探求新知—落实巩固—课堂小结的流程进行。

评价时首要考虑的是一堂课的课堂教学过程的结构是否合理。具体操作上通常关注三点。第一，要关注课堂教学安排的具体环节。考察各个环节所占的时间比例有多大、长短是否合适。第二，要关注每一个教学目标完成的情况。考察重点、难点的教学与教学高潮的呈现是否一致，学生是否充分发挥了主体作用，真正成了学习的主人。第三，要关注各教学环节之间的过渡是否自然，整个教学过程结构是否流畅。

五、初中数学教学效果评价

新的教学理念主要是以学生发展为本，在价值观上一切为了学生，在伦理观上高度尊重学生，在行为观上充分依靠学生，因此课堂教学效果的评价主要是对学生课堂学习过程的评价，显现在课堂教学的主体——学生身上，主要考查学生在课堂上的三种学习状态，即学生的参与状态、学生的交流状态、学生的达成状态。

（一）评价学生参与状态

好的课堂应该有思维的碰撞、有争论、有遇到困难的迷茫、有顿悟后的豁然开朗等。这就需要教师努力创设课堂情境，激发学生的学习兴趣，使课堂上人人参与、个个活跃，让各层次的学生都能积极地参与到课堂教学的每一个环节中来，并在参与的过程中体验学习的快乐、获得心智的发展。

①看多样性：学生参与教学活动的形式是否多样，如师生谈话、合作交流、动手实践、自主探究等。

②看广泛性：学生是否很投入地参与数学教学的全过程，每一位学生是否都有参与教学活动的机会。

③看深刻性：学生在参与教学活动中是否进行了深层次的思考和交流。

（二）评价学生的交流状态

能运用所学的知识发现、提出并解决日常生活中的数学问题，能和同伴解决问题并表达解决问题的过程是《义务教育数学课程标准（2022版）》在"解决问题"目标中提出的要求。好的课堂教学，一要看课堂上是否有多边、丰富、多样的信息交流与反馈，即能构建师生、生生和媒体之间的信息交流的立体结构；二要看课堂上是否有良好、有效的人际交往与合作的氛围，学生是否愿意互相交往，能否与人合作，是否懂得尊重别人、取长补短。

（三）评价学生的达成状态

由于《义务教育数学课程标准（2022版）》既要求帮助学生掌握知识，又要求促进学生的发展，因此，考察一堂课是否达到预期的教学目标，既要看知识效率——"双基"的达成情况，又要看能力效率——学生素质提升的情况。传统的课堂教学评价往往只看知识目标的达成情况，忽视学生素质提升的情况。有些教师不认同新的课堂教学方式，就是还没有从"仅关注知识目标"的思维定式中跳出来。当然，我们也不能走极端，盲目追求所谓的素质提升而忽视知识目标。

在课堂教学中对学生学习目标的达成状态进行评价时，主要关注以下几个方面。

第一，学生能否切实掌握基本知识和基本技能，应用所学知识解决实际问题，并将这些新知识纳入自身原有的知识体系。

第二，学生是否能独立思考、掌握学法、大胆实践，并能自评、自检和自改。

第三，学生是否多向观察，善于质疑，变式思维，举一反三，灵活实践。

第四，学生能否把经过猜想、探索发现的结论作为新的思维素材，去努力探索，再去进行新的发现。

评价的目的是全面了解学生的数学学习历程，激励学生的学习和改进教师的教学；评价目标多元，方法多样。对数学学习的评价要关注学生学习的结果，更要关注他们的学习过程；要关注学生学习的水平，更要关注他们在数学活动中所表现出来的情感与态度，帮助学生认识自我、建立信心。

第三节　初中数学教学评价的策略

一、重视评价考核制度和培训

核心素养之下的教育改革中，理所应当的也包括教育的评价改革。课堂教学评价是一种对课堂教学活动进行价值性判断的监测性机制，科学、合理、有效的课堂教学评价有助于引领、规范、促进课堂教学的教师主体和学生主体更高效地践行、落实课程与教学目标，也有助于更准确地检测课堂教学质量。

但是，环顾当前的学校教育，教师课堂教学评价的重点依旧还是对学生知识点的掌握评价、对学生考试分数高低的评判，而对学生整体的思维评价缺乏一个过程性的反馈。学校要深刻意识到评价应贯穿于核心素养的形成与发展的始终，在落实核心素养过程中也具有同等重要的地位。也就是说，学校应该重视教师的教学评价，进一步完善教学评价考核，合理有效地将教学评价考核制度纳入学校日常考核中来，以引起教师的重视。只有学校重视教学评价，才能使教师改变自己的课堂教学评价。另外，只有学校重视教学评价，教师之间才会不自觉地形成讨论课堂教学评价的氛围。

从具体实施而言，学校可以增加课堂教学评价在教师日常考察中的比重，通过课堂听课记录表的反馈来提高教师课堂教学评价的意识，通过对教师的教学评价评分制度使教师自觉地改变自己的课堂教学评价行为。此外，学校还可以增加课堂教学评价在年终教师考核中的比重，教师对年终考核是非常看重的，如果年终考核所占的比例增大了，教师自然也就重视了。如果学校再专门进行一些相关的教学评价培训，这样效果就会大大提升。总体而言，学校要高度重视教师的课堂教学评价，营造良好的课堂教学评价的氛围，这样才能完善教学评价制度。

然而，实际上，教师的培训重点倾向于教学技能、师德师风、班主任管理等方面，对教师课堂评价的培训少之又少。即便是有相关培训，教师对课堂教学评价的培训态度也不重视。所以说，学校要搭建课堂教学评价的培训平台，充实教师课堂教学评价的知识体系。

从具体实施而言，首先，教师在入职时要有一定的培训课时。学校既要重视教学技巧、师德师风等的培训，也要增加教师评价方面的培训。新教师在入职时如果重视课堂教学评价培训，那么在后期的课堂教学中自然而然地也会重视评价在课堂教学中的落实情况。其次，学校可以邀请名师举办开放课活动。名师之所以成为名师，究其主要原因是自己在教学中有典型性，是普通教师学习的榜样。基于此，学校可以邀请名师举办开放课活动，再现名师对课堂教学评价的使用，让教师直观揣摩课堂教学评价的实际应用。开放课后，名师就课堂教学评价进行理论上的讲解，理论联系实际。这样教师既能学习到理论知识，又能观看到课堂评价使用的范本，有利于教师在模仿中升华自己对课堂教学评价的运用。再次，学校要开辟专门时间为教师组织课堂教学评价的研讨会。围绕课堂上的教学评价问题组织教师交流讨论，让有经验的教师先进行分享，其他教师也就会在分享中对比自己对课堂教学评价的使用情况，取长补短，不断反思，不断成长。最后，学校要为教师搭建课堂教学评价的展示平台，要给教师提供课堂教学评价的展示机会，组织教师开展专门的课堂教学评价比赛。前期是理论的铺垫，教学竞赛是教师的成果转化。在开展这样的比赛时，教师课堂教学评价行为所占的分值比重要比以往更多一些，这样使教师明确比赛的目的，为后期教师在实际课堂上的运用打好基础。

总而言之，学校要重视教师的课堂教学评价，营造良好的课堂教学评价氛围，完善评价考核制度，重视评价培训活动，为教师既提供理论上的培训学习，同时又为教师提供课堂教学评价展示的机会，从而为教师实施课堂教学评价打造一个良好的外部环境。

二、拓展数学教学评价的主体

除了教师的评价外，教师还必须重视学生的自主评价，让他们的主动性得到更进一步的发展。在每次课程结束后，初中数学教师都要引导学生对自己的课上表现进行评分，以认识自身的优点与缺点，让他们可以找到未来的学习目标。而初中数学教师也可以帮助学生对自己的作业进行评价，使教师在课堂教学策略的制定上不断调整思路，使学生端正学习态度，在学习过程中做到有的放矢。初中数学教师可以给每名学生颁发评比卡片，让他们记下自己的感受与心得，使他们在阅读活动中增长知识，感受数学学习的乐趣。初中生和教师的思维方式差别很大，初中的数学教师可以指导学生相互评价，从而使教学更加符合学生的实际情况，并增进学生之间的了解。

教师要提高初中学生的自我意识，将集体行动作为初中数学教学的重要形式。当课堂教学结束后，初中数学教师对学生进行集体评估，使每个学生都能从评估中受益，并发现其他学生的优势，从而取其精华、去其糟粕，使学生获取更多知识和经验，并通过小组间的相互评价来达到优势互补的目的。

三、全面提升教师的评价素养

教师评价素养指的是教师所具备的评价知识、技能以及相关理念，特别需要注意的是在教学层面的评价。课堂教学评价是促进学生学习的主要方式，教师的课堂教学评价素养是需要着力提高的。换言之，教师的课堂教学评价是尤其需要注意优化的。

（一）学习课堂教学评价知识

影响教师课堂教学评价实施的一个非常重要的因素是教师本身的课堂教学评价知识，由此可见，教师学习、掌握课堂教学评价知识是非常重要的。评价知识指的是教师在课堂教学实践中综合各种因素对学生评价时所运用的知识。数学教师要从多个层面来学习、充实自己的评价知识。首先，教师应该学习课堂教学评价的目的，教学评价的走向才不会偏失。其次，教师应该学习课堂教学评价的内容，评价内容要全面，不能仅局限于知识与能力上。最后，教师应该学习课堂教学评价的办法，在什么样的课堂教学实践下运用什么样的课堂教学评价办法，以收获最优的课堂教学效果。

在实际的课堂教学中，教师所做出的评价活动一般都是以教师丰富的评价知识为基础的，但假如教师所掌握的评价知识并不全面，缺少了一个或几个方面重要的评价知识点，那么教师所进行的评价活动也必然是差强人意的。

例如，如果教师没有教育学的专业知识，那么教师的评价就可能无法体现"以学生为本"；如果教师没有教学管理工作的专业知识，那么教师的评价可能会忽视全班同学的整体管理；如果教师没有人际关系的专业知识，那么教师的评价可能会使师生间的关系更紧张等。因此教师必须充分学习课堂教学评价的相关知识，在日常实践中也要不断进行积累。

（二）锤炼课堂教学评价技巧

1. 真实具体

课堂教学评价的一个重要作用就是可以提升课堂教学质量，要想充分发挥其作用，教师在课堂教学评价时就要做到真实具体。所谓评价的真实就是教师能"心无杂念"地面对学生，学生回答正确时，教师给予学生表扬；学生回答停滞时，教师等待学生回答；学生回答错误时，教师给予学生惩戒，而不是现如今一味"赏识"或"鼓励"。所谓评价的具体就是教师的评价不再笼统、空泛，而应指向学生的某些具体行为。

2. 客观公正

要想有效发挥课堂教学评价在提升课堂教学质量中的作用，教师在课堂教学评价中也必须要做到客观公正。所谓客观就是能根据学生的实际情况给予学生评价。例如，有些学生虽然在数学课上表现不突出，但是擅长跑步，那么运动会的赛场上就可以让学生充分地展示自我。所谓公正就是不能戴着"有色眼镜"来评价学生，也不能将自己的主观情绪带到学生评价中来。同样的错误，不同的学生接受的惩戒程度应是相同的。只有教师真正做到客观公正地评价学生，师生双方的关系才会紧密，课堂气氛才会和谐，教学质量才会提升。

四、重视数学能力与情感态度的评价

在数学教学过程中，应重视培养学生多方面的能力，注重学生情感态度的发展，评价中也应同样重视对学生能力和情感态度的评价。能力评价和情感态度评价与知识评价不同，它更注重过程评价，强调在学生学习和解决问题的过程中了解学生的表现。

（一）数学思考的评价

数学思考是学生数学素养发展的重要标志，使学生学会数学思考就是培养学生的数感、符号意识、空间观念、几何直观等数学素养。数学思考能力的提高也体现在学生抽象推理和建模等数学思想的形成和发展过程之中，学生数学思考的评价应体现在学习过程和解决问题的过程之中。

如在数的概念的形成和发展过程中，需要学生有抽象能力，需要建立数感、符号感，对学生数的概念的评价不应只看他们对数的认识、理解的程度和掌握的水平，还应当了解学生数学思维能力的发展情况。数学技能的评价也不只是对技能熟练程度的评价，还要将其与数学思考能力的评价融合在一起。

数学思考的评价重在问题情境的设计，同时在学生解决问题的过程中对学生进行整体性的评价。为此，教师可以根据实际情况，设计有层次的问题，评价不同水平的学生。

（二）问题解决能力的评价

问题解决是数学学习的核心，评价学生问题解决的能力是数学教学评价中不可缺少的重要内容。每一个学习领域都有相应的问题可以用来评价学生问题解决的能力，不同的问题反映的学生的能力情况不同，侧重于问题解决能力评价的问题一般更具有情境性。

教学过程和练习测验中的题目，一般只能考查问题解决能力的一两个方面，表现性评价中基于任务的评价方式，可以较为全面地考查学生的问题解决能力。这种评价方法更加关注学生在数学学习过程中特殊的表现。学生可以在完成一项具体任务的过程中表现出对数学的兴趣，提高数学知识技能、思维能力、创造能力水平。丰富的评价任务与教学内容有密切联系，一项任务可产生多种结果。评价任务的运用不仅可使学生学到有关的数学知识和方法，而且可使教师从多方面了解学生数学学习的表现，包括学生的思维活动、对有关内容的理解和掌握、数学创造能力、对数学学习活动的参与程度、对数学的情感和态度等。

（三）情感态度的评价

情感态度评价的目的在于激发学生对数学的学习兴趣，增强学生学好数学的信心，提高学生克服困难的勇气。在平时教学活动中，可以采取即时评价的方式，在教学过程中给学生鼓励，也可以采取小组互评的方式，在小组合作学习的过程中给学生机会，评价学生的参与情况及在学习中的表现。

除此之外，也可以在平时教学中注意记录学生学习数学中的一些典型表现，考察和记录学生在不同阶段情感态度的状况和发生的变化。例如，可以设计评价表，记录、整理和分析学生参与数学活动的情况，这样的评价表每个学期至少记录一次，教师可以根据实际需要自行设计或调整评价的具体内容。教师也可以根据实际情况设计类似的评价表，还可以根据需要设计学生情感态度的综合评价表。

五、逐步加强教师的教学反思

要想提高教师的教学评价素养，必然离不开教师的自我反思。教师只有做足充分的反思，自己的经验才能不断地升华，自己的行为也才能不断地完善。也就是说，教师只有树立反思意识，才能发现自身在教学评价中的优劣之处，才能更好地进行教学评价。

教师的教学反思不仅包括课后反思，还应包括课前预设反思和课中即时反思，也就是说，教师的反思贯穿于课堂教学的整个过程。教师在备课时要注意预设反思，对某个问题的回答教师要提前做好预设评价，并且反思这样的预设评价是否全面，教师对学生要做到"心中有数"，这也是教师预设评价中的一部分，做好课前的预设反思可以避免教师陷入尴尬的境地，减轻教师在面临突发问题时的手足无措。首先，教师要充分考虑学生的身心发展规律，面对不同的学生，教师要思考采取怎样的课堂评价才更加有针对性，这也就是我们常说的"备学生"。其次，教师要"备教材"，针对课本上的知识点，教师要反思如何利用课堂评价来引导学生掌握知识，并在潜移默化中渗透数学的人文性知识，实现数学学科的育人价值。最后，教师要"备情境"，要事先预想出可能出现的教学状况，创设合适的评价，所谓合适的评价一定是有意义、有价值的。例如，当课堂中有同学因为违反纪律而打断教师的课堂时，教师应该采用什么样的课堂评价，既尽量保证课堂的完整性，也给违反纪律的同学一定的警示。这些都是教师在课前要预设的反思。在课堂教学过程中，教师要做到即时反思，依据学生的课堂实际表现灵活机动地调整自己的评价行为。课堂是师生双方的互动平台，学生的反应最能给教师启发。例如，在数学课堂教学中学生出现消极的反应时，教师理应及时反思自己的失误之处，并且要采取相应的措施来处理、补救。在课后教师更要做到反思，以发现自己在课堂评价中的优点和缺点。可以坚持用反思日记的形式记录教学生涯中的点点滴滴，这也是教师专业成长最有效的手段，但是要注意，教师的反思日记不是"流水账"，也不是教师的"负担账"，教学反思不能停留在形式上，而应切实有效地挖掘教师课堂评价的深层原因，并为解决这些问题提供一定的帮助。因此，课后反思尽量要全面，将课前预设反思和课中即时反思结合起来，将出现的不足和问题与其他教师进行探讨，从而进一步优化自己的教学评价。

六、密切家校共育合作的联系

每个家长都对孩子有着不同的期待，家长的期待也间接影响了教师对学生的评价。考试制度的存在使得家长对学生的关注还是停留在分数、成绩上。家长的这种期待以及整个考试制度的现状，让教师继续停留在对学生知识层面的评价上，教学评价简单笼统，缺乏对学生的分层评价，学生"一分定胜负""一考定所有"。另外，现在的家长很大程度上是溺爱孩子的，学生经受不住一丁点的挫折和打击，教师的评价更倾向于鼓励评价，长此以往，教师的评价就演变成了形式主义，忽视了对评价内容的把握。教师评价的形式化使得学生分辨不出黑白是非，显然，这会阻碍学生的今后成长，并且形式化的评价不能触及学生的内心深处，也无法正确培养学生的道德品质。

由此可知，家长这一因素也对教师的评价产生了影响，因此，要注重校内外评价的结合。为了充分发挥教师评价的正向价值，学校、教师就需要培训和引导家长，以转变家长的教育观念。为此，学校可以定期开展家长会，邀请教育专家为家长"传经送宝"，通过教育案例的讲解使家长感同身受。教师还可以利用网络平台定时推送教学评价的相关文章，增长家长的教学评价知识。这样，家长就不再过分关注学生的成绩，而是会更多地关注到学生的方方面面，家长的关注点不再狭隘了，教师评价的格局也就开阔了许多，问题自然会有所减少。家校联动搭建起平台，才能共育花开。学校可以在恰当的时候举办专门的"家长开放日"。在"家长开放日"里，家长既可以参观学校的展览室，也可以切身参与到课堂中来。家长在课堂上能够真切地感受到教师评价的可取之处：评价学生时的语言要具体、准确，对学生鼓励式的大拇指作为一种非语言评价同样重要，教师综合使用这两种教学评价方式时，学生获得的反馈信息就会更完善，课堂上师生双方的互动就会更加融洽，家长自然也乐于看到这样的画面。于是家长就会反思自己平时对孩子的评价方式，也会学习教师的样子去改变自己的行为。另外，在开放课上家长同样可以观察到教师评价的弊端：家长开放课通常是教师精心准备的课堂，教师多是会预设出相应的教学情境，并对学生的表现"成竹在胸"，一般是不允许学生发生"意外"的，换言之，学生的回答是既定的。

　　此外，教师的评价更多是即时性的，引导学生说出教师自己想要的答案后，教师便对其大加表扬，这其中忽视了学生的"头脑风暴"，教师延时评价很少，特别是对学生进行思想情感教育时，教师强行"灌输"给学生"母爱之温暖""父爱之深沉"，学生思考的时间短，感悟的时间也短，自然不会与教师、与文本产生共鸣，学习效果也会大打折扣。家长对孩子进行说理教育时，如果也按照教师的方法"强势干预"，效果肯定是不理想的，那么通过家长开放课，家长也许会重新审视自己的评价。

第六章　初中数学教学与信息技术应用

随着信息时代的到来，信息技术已经融入人们的工作和生活，当前在初中教育体系中信息技术的应用也较为广泛。信息技术的应用拓展了教学资源，搭建了立体式的学习平台，信息技术不仅能提高初中数学的教学质量，还能培养学生的核心素养，促进学生成长。本章分为初中数学教学与信息技术整合的意义、初中数学教学与信息技术整合的问题、信息技术在初中数学教学中的实际应用三部分。

第一节　初中数学教学与信息技术整合的意义

一、改善教学氛围

在初中数学教学中，教师通常会选取一些有趣的材料来活跃课堂的气氛。由于学生心理发育不够成熟，在枯燥的数学课堂上很容易丧失兴趣。因此，通过运用多媒体展示的信息资源，教师可以和学生进行更多的交流。

二、丰富数学教学资源

信息技术在初中数学教学中的应用，为教师课堂教学提供了便利，点燃了学生的学习热情，同时也为数学课堂提供了更为丰富的学习资源。此外，教师使用信息技术辅助数学课堂教学，丰富了数学知识的呈现方式，强化了学生的感官体验，使学生能够快速地理解所学知识。同时，学生的知识获取形式也会朝着多元化方向发展，这不仅可以让学生在网络中寻找优质的数学学习资源，还可以实现师生的有效互动。

三、吸引学生的注意力

就初中阶段的学生发展特征来讲，初中阶段的学生正处于由图像思维向抽象思维过渡的成长阶段，初中数学知识具有一定的抽象化教育特征，学生在理解上存在一定的困难，因此很难激发学生的数学学习兴趣。就以往传统模式下的初中数学教学方式而言，教师主要采取口头讲解的方式开展教学活动，这样是较难吸引学生主动参与到学习中来的，但将信息技术应用其中，根据教学需求采取视频、音频等方式展现所学数学知识，可以使学生更好地理解和掌握知识，对提高学生数学学习的注意力具有重要的教育意义。

四、突破教学重点难点

数学学科不同于其他学科，数学知识的特点主要有复杂性、逻辑性、抽象性等，这也使得数学知识学习的难度大大增加。对于初中生而言，学习数学知识这一过程是十分漫长的，他们在思维能力发展阶段会遇到各种各样的数学问题，这在很大程度上阻碍了他们对数学知识的学习。而通过使用信息技术，可以有效实现教与学的融合发展，为数学教学提供动态化的学习互动平台，将抽象、复杂的数学知识呈现在学生眼前，让学生能够轻松地进行数学概念、数学定理的学习。这种轻松表现在他们能突破数学学习的难点与重点，主动找寻解决问题的办法，并能灵活运用各种手段，逐一击破数学学习中的难点问题。

五、激发学生数学探究欲望

传统教学模式下的初中数学教学工作存在诸多的弊端，学生一直处于课堂教学的被动地位，只能够单方面地接受教师为其灌输的数学知识，学生在课堂中的主体地位未能得到有效发挥，进而使学生的主观能动性发挥受到了限制，这也对学生创造性思维的培养产生了不利的影响。而探索信息技术与初中数学教学融合的有效路径可以促进教师与学生课堂地位发生转变，生动、形象且充满趣味性的知识呈现过程可以激发学生探究数学的欲望，使学生能够主动地参与教学过程，以此实现对学生自主探究意识的良好培养，提高学生的学习能力和学习效果。

第二节 初中数学教学与信息技术整合的问题

一、学校方面

（一）学校软硬件投入有待优化

"十二五"期间，教育部提出要建设好"三通两平台"的教育信息化建设目标，其中，"三通"是指"宽带网络校校通""优质资源班班通""网络学习空间人人通"，而"两平台"是指教育资源公共服务平台和国家教育管理公共服务平台。接着"十三五"期间，我国基础教育信息化步入了高速发展阶段，通过学校"班班通"项目的开展，补齐了义务教育基础环境建设的发展短板。"十四五"期间，我国提出"开展终身数字教育""提升教育信息化基础设施建设水平，构建高质量教育支撑体系"，同时提及"要开展'互联网＋教育'云网一体化建设"。这预示着我国义务教育将以网络化教育为核心，向着可视化、多媒体化、操作性强的教育信息化的方向发展。

学校的软硬件在不断更新，这是信息化教育的必然趋势，也是学校实力的体现。但由于不同的软硬件设备需要不同的专业人员进行维护和维修，学校信息化中心的教师和技术有限，不能及时对设备进行维修和维护，出现问题时，大部分是由教师自己研究设备和网络。

（二）学校信息化建设形式化有待转变

从学校组织信息化教师技能比赛、信息化教学培训、观摩课、加大校园信息化建设等措施都可以看出来学校或地区对信息技术与课程融合的重视。学校管理者对信息化环境建设和信息化教学的认识程度可能会影响对本校信息化建设的质量。技能比赛作品大部分千篇一律，针对初中数学课程和技能培训偏少，观摩课只看重教师是否使用多媒体教学，校园信息化建设成本高但使用率低等都让信息技术与初中数学课程的深度融合趋于形式。这样不仅浪费了许多优质资源和硬件的投入，还让数学教师对信息化教学的动机和态度发生了偏移。

一、二线城市的教育信息化发展水平普遍偏高，因为信息化教学水平是提升学校竞争力的重要指标之一，但在三、四线城市，教学质量仍然是衡量学校是否有实力的重要内容之一，所以信息化建设极易流于形式。地区教育信息化的发展水平之所以会限制学校教师队伍的信息化教学水平，这是跟学校管理人员的重视程度有关的。信息化发展水平高的地区会组织学校管理人员进行信息技术与数学课程深度融合的相关培训与考核，学校管理人员会对教师的教学进行高质量监督和指导，但由于学校各项教学管理任务繁重、学校领导重视程度不够、地区教育信息化发展水平有限等因素，信息技术与初中数学课程的深度融合容易趋于形式。

（三）学校专业培训有待加强

当前，以计算机网络为核心的信息技术已经深入社会的各个领域，成为支撑社会发展进步不可或缺的基础技术。在教育领域中，基于信息技术的多媒体教学已成为现代教育技术理论的核心之一。"信息技术与学科深度融合"的能力逐渐成为学校的核心竞争力之一，学校对信息技术与数学课程的深度融合也越来越重视。大部分学校会经常组织并鼓励教师参加相关信息技术技能培训。但是，对于信息能力较弱的教师，即使参加学校组织的相关培训，还是无法获得专业的信息技能。

各个地区和学校对教师信息能力越来越重视，组织比赛不仅是出于教育部门的要求，还有学校自发组织的，旨在让教师将信息技术融入学科教学中，提高学校整体的信息化教学能力。另外，学校会组织相关的培训，但培训大部分都是理论方面的培训和简单的信息技能培训，针对数学课程的理论和技能培训是极少的，这在很大程度上限制了初中数学课程与信息技术深度融合的发展。

二、教师方面

（一）信息能力有待加强

信息技术要完成与数学课程的深度融合，需要教师具备良好的信息意识与信息能力。绝大部分教师都有信息意识，但是有部分教师对于信息技术的熟悉程度和操作度不够，部分教师的操作水平有限，甚至需要学生的帮忙。当今时代的教师相较从前已经逐步意识到了新兴技术手段对教与学的积极作用，但是在具体实践中仅有意识是不够的，没有一定基础的信息能力是不足以支持信息技术与初中数学课程的"深度融合"的，只能停留在将简单的信息技术应用于初中数学课程教学的阶段。信息时代，无论年轻还是有多年教学经历的初中数学教师，都在有意识和无意识地接受着、使用着信息技术。所以，教师的意识在不断增强。但由于受不同的年龄背景、受教育背景、信息环境背景等因素影响，他们对信息技术的熟练程度也是不同的。年轻教师的信息能力普遍比年长教师的信息能力强。在具体的教学中，对专业的信息能力有更高的要求，所以教师队伍的信息能力还有待提高。

（二）信息化课件表述烦琐

信息化课件本身具有转化抽象理论的特点，可以将抽象性的逻辑进行具象化转型，这也就导致部分教师在进行数学教学时对信息化课件过于依赖，如有的教师设置了大量的课件，其中融合了单元教学中的大量问题。这就导致信息化教学只追求形式却忽略效果，只追求数量却忽视质量。部分课件内容较为烦琐，每页的文字以及图形较多，甚至教师会将教材中的部分例题重新书写在课件上导致教学课件成为教材的另一种形式，学生的学习积极性不高，接触到的知识有限，甚至部分学生认为课件就是教材的重新展示，缺乏学习积极性。

（三）深度融合流于形式

信息技术与课堂教学的深度融合建立在整合的相关理论上，这一阶段强调教师是整个课堂的设计者、实施者。它不再是简单的"整合"和"融合"，而是要通过信息技术创新不同的教学环节、不同的教材形式、不同的教学方式等，使它贯穿于教学的各个环节，最终实现传统课堂教学向信息课堂教学结构的强有力转变。然而调查可见，大部分教师使用信息技术仅限于在公开课时加入课件辅助教学，或参加评比时录制微课等，对于更新的教学模式和教学资源应用极少，从应用和动机上都流于形式，严重忽略了深度融合的出发点，既没有做到好的设计，也没有做到高效实施。

造成形式化问题的原因有两方面：第一，首先制作课件、录制微课、使用电子白板等对于大部分初中数学教师都是较为熟悉的，但对于新理念、新技术和新软件，教师是比较陌生的，他们有繁重的工作任务，很少有时间在钻研有难度的信息技术方面，加上学校对相关信息技术的培训不多，导致教师出于比赛或公开课等动机才使用信息技术。第二，数学相对于其他科目而言，在空间上更加注重抽象性和逻辑性。这门课程本身的特点就决定了它的"深度融合"更加有难度，教师需要学习新的软件、开辟新的模式、开发新的教学资源，这对于初中数学教师都是不小的挑战。这两方面原因归纳为一点就是初中数学教师或者学校管理者没有深刻理解"深度融合"的内涵与途径。

（四）应用能力有待加强

信息技术在基础硬件、软件等方面的发展对初中数学课程的教与学产生了很大的影响，丰富的教学资料库为教师的备课提供了强大的支持，交互式白板的使用为师生的互动提供了支持，专业的数学教学软件也为抽象的知识提供了更多理解的空间。不同的课程内容有不同的特点，不同的内容也有不同的应用软件，如"超级画板"可以为学生提供可视的、动态的讲解过程，使学生更容易理解抽象的空间思维，但是教师更多的是下载现成的教学资源并将之用在课件或微课中。对于"几何画板"等专业的数学应用程序更是十分陌生。

信息技术对于初中数学课程来说，更多的是作为教师讲解题目和学生解决问题的有力工具。在语文教学中，一段优美的音乐配上本课的古诗，在课堂的一开始就可以将学生带入惟妙惟肖的田园生活中。但对于数学而言，如何让学生在一个复杂的图形中得出两个三角形的全等就没有那么容易了，需要理论支持和空间想象能力的支持，理论支持来自课本，空间想象能力的支持则来自专业的应用程序，专业的应用程序可以实现动态的图形转换，教师利用专业的应用程序可以对文字、图片、视频等资源实现快速应用。

（五）资源有限且利用率不高

信息技术与初中数学之间的融合是学校需要考虑的重点问题，同时也需要为教师提供丰富的资源体系以及培训平台。但是经过相关研究发现，当前绝大部分的教师未能充分地利用现有的教学资源进行信息化改革，如教材中的配套光盘以及大量的网络资源利用率不高等。

此外，院校未能给教师提供有效的学习平台以及数据资源库，大量的课件以及资源都是教师通过网络查找得来的，这不仅会影响转型的效率，也会导致综合质量不高。而大部分的文库是需要付费使用的，这也降低了教师的使用积极性。

三、学生方面

（一）学生接触信息技术机会有限

在信息化环境中，初中学生对于信息技术的接受能力和应用能力较强，他们应用信息技术手段解决日常生活中出现问题的意识普遍较高。在数学学习上，学校教学中接触信息技术与课程融合最多的是教师在课堂上使用信息技术辅助教学，课后学习中接触最多的是网课学习。即使初中学生在数学学习中有较强的使用信息技术来帮助自身学习的意识，但由于他们能接触计算机的机会有限，这直接影响了信息化教学对于学生学习数学的效果。

学生在数学学习中接触信息技术的机会有限，下面从学校、教师和学生自身三方面进行分析。首先，学校在信息化环境建设中的工作重点更多在教师的数学教学上，如硬件和软件的设置与优化升级，而忽略了学生如何使用信息技术来辅助数学学习。其次，教师使用信息化教学手段的出发点更多在自身的使用动机之上，对于学生信息意识与信息能力的考量较少。最后，学生的身心发展特征使得他们在使用信息技术时，自控能力和对知识的筛选甄别等能力有限，因此教师和家长会更多选择线下的数学学习方式，这限制了学生使用信息技术手段。

（二）学生对于教师行为依赖较高

随着教与学方式的不断优化，学生通过对学习资源的搜索和学习方式的探究，锻炼了其自主探究的学习意识和能力。学生在校园学习中对于教师使用信息技术讲解数学题目的方式提出了意见和建议，想通过专业数学画图软件的操作来理解题目，同时对于数学教师的信息能力、学校网络设备和学校数学信息化资源建设都提出了意见与建议。另外，学生在课后的自主学习中缺少教师的线上答疑解惑，即使学生不断提高自主学习意识，但缺少了恰当的教师行为参与，还是让信息技术在学生的数学学习中没有起到最优化的作用。

数学学习相较于其他课程学习，抽象性较高。数学教师对于题目思路的讲解是学生学习数学的关键所在。所以，学生即使有较强的自主学习意识，但在数学学习上，仅仅借助信息技术手段是不够的，还需要教师利用信息化教学手段进行引导，这样才能让学生更好地在信息化环境中进行数学学习。

第三节　信息技术在初中数学教学中的实际应用

一、信息技术在初中数学教学中的应用原则

（一）尊重学生主体地位

在初中数学教学工作中，要想发挥信息技术实质性的价值和作用，教师应当尊重学生在课堂上的主体地位，将信息技术的应用特点和教育优势、数学教学内容的特点以及学生的认知水平相结合，同时精心编排教学计划，以此实现教学信息的有效传播。教师要充分尊重学生的主体地位，积极考虑学生的感受，重视引导学生利用信息技术对数学知识进行综合分析，并对知识内容之间的联系进行发

掘，创新思维模式，提升学生的学习效率。这不仅可以有效激发学生参与课堂的热情，还可以有效提升课堂教学效率。

（二）引导学生全面发展

将信息技术应用于初中数学教学的过程中，要将培养学生的实践动手操作能力作为重点，也需要重视学生数学学习过程中的心灵感受变化，并通过科学的引导促使学生的思维模式得到良好发展，进而保证学生能够在数学学习过程中树立良好的情感态度和价值观，以此为其对信息数据处理和理解应用能力的提升打好基础。因此，信息技术与初中数学教学融合要能引导学生全面发展。

（三）善于利用反馈信息

要想促使初中数学教学与信息技术有效融合，发挥信息技术的实质性作用，教师应当鼓励学生对接收的信息给出及时反馈，并通过学生的反馈，评估学生对数学知识的掌握和理解程度，从而对教学过程进行进一步完善。为了能够实现对反馈信息的合理应用，教师应当利用信息技术建立多种信息反馈渠道，以此不断获取学生的最新学习情况，善于利用反馈信息对教学任务进行开展与落实，从而进行不断调整。

二、信息技术在初中数学教学中的应用策略

（一）学校层面对策

1. 完善校园信息化教学环境建设

教学环境是一个复杂的系统，只要是影响学校活动的因素都是教学环境的构成要素。学校的教学环境建设包括硬件环境建设和软件环境建设，如教学场所、教学工具、师资队伍建设等。随着科学技术的高速发展和信息技术与初中数学的深度结合，打造信息化教学环境以促进初中数学课程的教与学成为学校工作的重要内容之一。不断完善学校信息化教学环境的建设，有助于推动信息化教学有序、高效的进行，从而提高教师与学生的综合信息素养水平。

信息技术与初中数学课程能否进行融合的前提是要有环境作为支撑，完备的信息化教学配置会为初中数学教师的教学活动提供有力支持，也为学生的数学学习提供了更多的可能性。

（1）完善每个教室的常规媒体教学系统

多媒体教学系统主要由计算机、投影仪、电子交互式白板等设备组成。教室的信息化教学环境直接影响数学教师的日常教学，计算机和投影仪方便了多媒体课件和微课等多媒体资源的展示，但结合数学的学科性质和特点，电子交互式白板的功能可以支持教师随堂的动态化知识展示，也可配合使用数学教学软件，提高数学教学效率。

（2）完善多媒体演示教室的环境系统

多媒体演示教室可为教师录制微课、展示公开课、教学技能比赛、教师教学技能评比、教师信息化教学技能培训等提供场所和功能支持。学校应在现有条件支持下为初中数学教与学提供有效的多媒体演示教室及环境支持。

（3）完善校园网的基本功能及其应用

校园网可以为信息的发布、教学的应用、管理的应用、科研的应用和数字化资源提供支持和保证。其中，网络教学支持平台和教学信息资源库也为初中数学教与学提供了智慧化和智能化的教学环境。完备的硬件条件可以通过信息技术来改善初中数学"教与学的环境"和"教与学的方式"。

（4）完善数学课程资源建设系统

在信息技术不断发展的同时，数学课程资源也在不断丰富。学校有完善、丰富的数学课程资源，这对于初中数学教师的教学和学习有极大的促进作用。首先，将数学教师的课件、微课等资源整合，方便教师之间共享和学习。其次，将各种优质资源上传到学校校园网或以文字、图像、视频等形式保存，以供教师阅览及使用。最后，将学生的数学学习反馈存档，以供教师总结教学情况和为学生提供更准确的数学学习建议及方案。

（5）引进新型技术，加强平台建设

教学资料的存储与处理、师生之间的交流与互动等都离不开线上教学平台。学校应当积极与提供平台的软件公司沟通，及时传达师生的诉求、升级平台、修复漏洞，不断优化线上教学平台和教学资源库，提供更丰富有效的功能，为师生有效开展教学活动提供技术支持。

尽量简化师生的操作步骤，使线上教学平台易上手、易操作，这样不仅能够有效地缩短培训时长，还能提高使用线上教学平台时师生的操作效率。例如，初中数学学科涉及诸多数学符号和图形，不管是教师备课，还是学生输入答案，都需要经常输入数学符号和图形，如分数、希腊字母、平方、根号等数学符号和三角形、四边形、圆等几何图形。对于一般的电子设备，输入数学符号和公式非常麻烦，且需要耗费大量时间。因此，需要简化数学符号、公式的输入操作并设置常用符号区，师生可根据自身需求将自己常用的符号和公式放入常用区，从而缩短师生输入的时间，以便更快捷地实施数学教学活动。另外，优化师生作图方式，方便师生更快捷地画图、作图。

增加有利于师生开展教学活动的功能。例如，在课堂检测环节，教师发布检测题目，学生在规定时间内完成并提交，同时在教师端即可获取学生的做题数据，并根据数据分析及时了解学生学情并调整教学计划，对学生问题较多的题目进行重点讲解。但是系统只能对选择题和填空题进行批阅，对于解答题则还是需要教师课后批阅，这导致课堂检测题型具有极大的限制性。因此，建议开发识别学生字迹，并对解答题进行批阅分析，使课堂检测环节不受题型限制，充分发挥其作用。

要丰富数学教学资源库内的教学资源，对题库内的题目按照所涉及的知识点和难度进行细致的划分，方便师生查找和使用，同时减轻教师备课的工作量。

要优化学生端的监管机制，在保证学生能够进行正常学习活动的前提下，限制学生滥用平板、沉迷游戏。

2. 完善教师信息化教学能力培训

为提高学校教育的现代化和信息技术与各学科的深度融合，提高教师课堂效率，改善教与学的方式，并逐步提升学校信息化的发展，推进学校向现代化教育的转变，各个学校都在全方位优化学校构成。其中，教师培训已成为提升教师信息化教学能力的有效途径之一。但在具体培训中，理论培训占比较重，对教师的技能培训较少，对数学教师的技能培训则更为短缺，这就极大地限制了信息技术与初中数学课程深度融合的发展。

（1）学校要针对具体学科进行理论和实践培训

在初中数学教学中，教学实践丰富的老教师可以对年轻教师进行理论上的指导，弥补年轻教师在教学上的不足，而具有较高信息技能水平的年轻教师又可以在信息化教学方面对老教师进行实践指导，这样可以弥补因缺少专业培训人员而导致无法开展培训的不足。同时可以跨学校、跨地区进行培训和交流，以及进行理论和实践的全方位融合。

（2）学校可以开发信息化的初中数学校本课程

校本课程是学校自主决定的课程，具有地方性和特色性。初中数学校本可以不局限于传统授课方式的教材编写，而是由理论和实践丰富的数学教师团队和初中学生、初中学生家长集体参与，这极大地创新了"初中数学校本课程"的内容和形式，从学校范围内促进了"信息技术与初中数学课程深度融合"的发展。

3. 规范学校信息化教学管理方针

学校教育信息化的建设包括硬实力和软实力的建设。硬实力建设主要指校园环境的建设。与初中数学课程关系密切的主要有校园网和教室的多媒体设备。软实力建设主要指教师在数学方面的信息化教学能力和学校管理人员的信息化组织与管理能力。初中数学教师是否能成功地将信息技术与课程深度融合，一定程度上影响着学生是否可以通过教师的信息化教学获取更多的学习成果；学校管理人员是否重视信息技术与数学课程的深度融合也在一定程度上影响着数学教师使用信息技术的行为和质量，所以要将教学信息化建设落到实处。

（1）要引起学校、教师和家长、学生的重视

学校的每一项工作都离不开教师的教学、学生的学习和家长的配合。由学校管理人员到全体数学教师，由全体数学教师到班级学生，由班级学生到家长，都需要重视在数学教学和学习中融入信息技术。尤其是学校管理者要意识到信息化教学的重要性，并且还要有专门负责数学学科信息化教学的专业人员，以从学校日常管理上和数学课程教学上共同达到信息化教学标准。

（2）要做到每一项教学任务注重具体能力的提高

学校的每一项工作最终都要落实到教师信息化教学能力的提高上，不能只对信息化教学的意识有所提高。例如，信息化教学培训中对数学教师进行专业的理论与技能提高，技能比赛时注重教师使用信息技术在数学学科知识上的创新，观摩课考察时重视教师信息技术与数学课程融合深度的考核等。这些措施都会让学校信息技术与初中数学课程的深度融合产生质的改变。

（二）教师层面对策

1. 体现以生为本的教育理念

对学情进行分析，了解学生已有认知结构及对新知识的掌握情况是开展有效教学的前提。以往，教师大多凭借自己对学生的了解和教学经验进行判断。现在借助信息技术手段，可以将设计的学情分析表放置在云端平台上，由学生填写，通过大数据进行科学分析，并将分析情况整理反馈给教师，教师据此制订相应的教学目标，确定教学重难点，实现对学生综合能力的培养和对品格的塑造，落实学科核心素养的培养。

2. 注重提高教师的信息化教学能力

初中数学教师是信息技术与初中数学课程深度融合的直接参与者，教师的态度和能力直接影响"深度融合"的质量，学生是否对数学学习更加感兴趣、是否愿意用所学的数学知识去解决问题，这都是衡量教师信息化教学能力的标准。在信息化教育理念的推动下，我们要培养更加全面的数学教师。"我很想用，但是我不会"是数学教师对于信息技术的口头禅，前者是他们在信息化时代被培养出来的信息意识，后者则是信息能力欠缺的表现。"信息化教学能力"是指教师在现代教学理论指导下，以信息技术为支持，利用教育技术手段进行教学的能力。

初中数学教师要有扎实的理论基础，该理论基础包括初中数学学科知识和信息技术两方面的理论。理论基础的提高需要教师在教学之外，对新政策、新课程标准、新教材等更新的文字材料进行研读，读懂新政策对于初中数学的新方向，读清新课程标准对于初中数学教学的新思路，读取新教材中的新内容。同时还需要教师对信息技术的理论基础进行学习。教师的许多理论基础来源于之前的知识基础，过于陈旧和单薄，无法支持"深度融合"的内涵要求，所以教师要从专业的教材中学习理论基础。

初中数学教师要提高利用信息技术进行教学的能力，该能力分为"利用信息技术"和"利用信息技术手段进行教学"两方面。日常生活中对电脑、手机的使用都是提高信息技术能力的途径之一，但利用信息技术教学的能力不同于利用信息技术的能力，作为数学教师，如何将信息技术能力运用于教学中才是关键。这就需要初中数学教师在学习理论基础之上，先学会使用信息技术，再学会利用信息技术辅助教学，最后融入自己的教学活动中去。学习方式可参加学校和相关部门组织的培训，在网络平台上搜索教学资源，还可以向有经验或专业的教师学习等。最终一定要将所掌握的技能用于数学教学实践中，这样才可以真正提高教师的信息化教学能力。

3. 增加信息技术的运用

在传统的教育理念中，教学只是存在于师生之间的活动，教师将书本里的知识通过课堂讲授给学生，通过作业和考试结果将学习成果反馈出来。但随着信息技术的不断运用和信息化教学环境的不断升级，教学的互动形式也在不断地更新，存在着师生之间的互动、生生之间的互动、师生与多媒体之间的互动等多种互动形式。立足于信息化的教学环境，如何转变教师的教学方式对每一位初中数学教师都是必备课。

（1）利用信息技术构建游戏化课堂

初中生刚开始学习抽象的数学知识时，在知识理解上较为困难，特别是在几何知识的学习上，部分初中生因缺乏空间想象力，导致学习效率低下，甚至对几何知识学习形成抵触心理。对此，教师要利用信息技术构建游戏化课堂，把一些静止的图形转换成运动的图形，降低数学知识的学习难度，帮助学生发展空间想象力，使学生利用已掌握的知识解决新的数学问题。

（2）不同教学环节增加信息技术的使用

在信息化教学环境的支持和信息化教学对教师能力的要求下，教师不只在课堂上使用信息技术，在教学的各个环节都可以增加信息技术的运用。在备课环节中，教师可通过搜集信息化教学资源来丰富数学课堂的教学内容和授课形式；在授课环节中，教师可使用不同信息技术来改善课堂教学效果，从而提高教学质量；在课后环节中，教师可对学生作业的布置和反馈模式进行创新，以提高学生学习数学的兴趣和效率。

（3）科学使用信息技术将"知识的讲授"模式转变为"知识的探究"模式

信息技术与初中数学课程的深度融合，从教学模式上提高了学生学习数学的兴趣，从数学知识的呈现方式上降低了教师讲授知识的难度，从教学空间和时间上提供了更加便利和灵活的学习途径，这都为学生主动探究知识创造了条件。教师可在信息化教学环境中基于问题和资源等不同方式为学生构建数学学习思路和框架，让学生主动学习，从而获得更好的学习体验。

（4）丰富线下信息化教学模式，开启线上教学新路线

线下教学是教与学最主要的途径，可以让教师在课堂上直接进行知识讲授，随后获取反馈并及时沟通。随着信息化环境的丰富，线上教学可以通过多种方式对不同的数学知识进行不同方式的演示，也可以进行随时随地的教学和反馈，两种教学模式相结合，这样监督作用和学习效果也会更加显著，这是每一位数学教师应在信息化教学背景下需要转变的教学方式。

4.增加数学微课的设计

（1）微课教案设计

一份巧妙的教学设计是有效教学的基础，所以想要保证微课的教学效果就需要精心地设计微课教案。与传统的教案相比，两者在教学内容的容量上有所区别，微课的教学容量小，内容通常只含有一个独立的小知识点。麻雀虽小、五脏俱全，微课虽然教学容量小、时间短，但它与传统教案一样，都设计了完整的教学过程。

对于微课教案的设计要从微型学习的视角出发，针对某一个小而具体的知识点展开一系列完整的教学过程设计，主要包括教学目标、教学重难点和教学过程三大部分。

①设计教学目标。教学目标是教学设计的核心导向，是检验教学效果的重要依据。目标聚焦是微课教学设计的一大原则，所以在设计微课教案时首先要明确微课的教学目标。根据《义务教育数学课程标准（2022版）》的要求从知识与技能、过程与方法、情感态度与价值观三个维度来确定教学目标。

在制订教学目标时要保证目标的单一性、具体性与适当性。由于微课时间短、容量小，所以单一的目标更有利于微课聚焦目标，具体的目标更有利于学生清楚地知道自己的学习任务，从而拥有清晰的学习思路。在短短几分钟的教学过程中，要始终围绕目标展开，将知识点讲解透彻，并加强教学的针对性。此外，根据学习者的需求和特征，适当制订教学目标。这样既不会由于目标过高难以达到而让学生产生挫败感，也不会因为目标过低轻易达到而让学生变得骄傲自满、失去兴趣。所以，对于微课教学目标的设计一定要综合考虑、明确表述。

②设计教学重难点。教学的重点是教学过程中所要解决的主要问题，是教学的重心；教学难点是教学过程中需要教师做更多引导与讲解的知识内容。根据所制订的教学目标，确立教学重难点，以此来让学生知晓此节课的重点与难点，使学生的学习更具有目的性，以提高学生的学习效率。

③设计教学过程。教学过程是整个教案的核心所在，关于微课的教学设计既要考虑微课时长、容量问题，又要保证教学过程的完整性，因此微课教学过程的顺序设计和内容安排就变得尤为重要。

第一，情境导入。在微课开始时通过创设与教学内容相关的情境来导入新课。所设计的情境可以是学生实际生活中的具体情境，也可以是一个问题、一个故事等，以此来调动学生的学习兴趣、吸引学生的注意、促使学生快速进入学习状态，但需要注意的是，考虑微课的时长问题和学生的认知规律，所设计的情境应简单明了、紧扣主题。

第二，明确目标。因为微课的时间较短，所以在情境导入、学生进入状态后应立即趁热打铁，开门见山地告知学生本节课的教学，让学生带着目标去学习，这样才更具有针对性和目的性，学习效果也会更好。

第三，讲解新知。讲解新知是微课教学的主体阶段，需要结合前期对学生特征与需求的分析，依据学生的一般逻辑发展规律，合理地设计安排经过深入分析的教学内容，通过灵活多样的教学形式来呈现知识，对知识点由浅入深地进行讲解。并将单一的知识点进行适当的扩充，清晰地表达知识点间的逻辑关系，帮助学生完成知识体系的建构。

第四，归纳总结。在新知识学习结束后对本节课的重难点、数学思想方法等进行归纳总结，帮助学生对知识进行复习巩固，加深印象。

（2）微课件设计

随着教育教学的发展，课件已经成为教师日常教学过程中一个必不可少的教学工具。精心设计制作的课件已成为优质课的重要组成部分。同样在微课教学中，微课件也有着举足轻重的地位，它是微课教学知识可视化和教学内容媒体化的重要方式，设计高质量的微课件是开发制作高质量微课的前提条件。一般来说，微课件包括文字、图片和视频等，一般常用 Microsoft PowerPoint 软件制作的演示文稿作为微课的课件，以此来辅助微课教学。基于视听教育理论和微课教学设计的画面和谐性原则，在设计微课件时需要注意以下几点：第一，微课件的内容要与微课教学内容相符合，微课件的呈现顺序与微教案中的教学过程相符合。第二，微课件的画面要清晰简洁、文字精简、风格统一、注重图文并茂，避免过于花哨而分散学生的注意力，给学生造成不必要的干扰。第三，微课件的背景要简单适宜，给学生带来良好的视觉体验。第四，微课件可以设计一些生动形象的视频动画，以此来吸引学生的注意力，激发学生的学习兴趣。同时还要注意师生的交互设计、情感交流。

（3）学生学习活动单设计

因为微课的学习是学生自主进行的，在学习过程中缺少了教师的现场同步引导，所以教师要根据微课教学内容和所设计的微课教案、微课件为学生设计一份明确的学习活动单，让学生知道本节微课的名称、主题和微课类型，通过给学生制订明确的学习任务来引导学生注意学习中的关键内容。同时学生在学习完微课后，可以有针对性地选择相应的微练习来进行测试，学生还需要对微课学习过程中所遇到的问题进行反馈，以便于教师进一步了解学生对此类知识的掌握情况，这有利于进一步完善微课设计。

5.利用课程资源与学生进行交互式学习

（1）教师可以建立微信、QQ 等不同平台交流群

学生在课堂学习时，对知识的学习仅停留在教师的讲解上，而发现问题的主要途径之一来自数学题目的解析，这些大部分发生在课后时间里。当学生在家遇到问题时，及时得到讲解对于初中数学的学习有着极大的促进作用。因此，教师

可以在不同的在线平台中建立关于初中数学知识的交流共享群，学生随时将作业中不会的题目或难点发到公共平台里，有会做的同学可以提供解题思路，不会的题目也可以由教师统一讲解以供学生反复学习。这样不仅可以为学生提供及时地答疑解惑，也能减少课堂上对作业讲解的时间。

（2）教师可以在不同平台上关注与初中数学教学有关的公众号

许多教师是围绕一本数学书和数学教参进行教学的，他们的数学教学资源已不能满足学生对于数学学习的广度要求。尤其是现在各种考试题目的灵活度越来越高，新颖程度也各不相同，这时教师可以通过各个平台的公众号可以获取更多具有趋势性的题目和教学思路。

（三）学生层面对策

1.合理利用信息技术，提高数学学习效率

信息化的教学环境在为教师传授数学知识提供了更多机会的同时，也为学生学习数学提供了更多的可能性。初中生对于信息技术的接受能力和熟悉程度也普遍偏高，所以从信息技术与初中数学课程深度融合中，可以学得在传统课堂上相对薄弱的知识。

（1）学生要有较强的自我管理能力

线上学习，失去教师的监督作用，学生自控能力较差，线上学习已成为学生学习数学的主要途径之一，手机、计算机、平板等多媒体设备是学生可以接触到的，并能熟练操作。过度使用多媒体、互联网和不恰当的学习会对学生的身心造成危害，要想通过网络上的教学资源和不同的软件去学习数学，就要求学生在知识的选择和时间的控制上具有较强的自我管理能力。

（2）学生在抓住课堂的同时也要注重课后学习

传统的数学学习方式是在课前预习和课堂学习后，并通过课后作业进行巩固学习。学生对教师的课堂教学和教师对于作业的反馈过度依赖，忽略了信息技术在他们课后学习中的重要性。信息技术与初中数学课程的不断融合为学生的课后学习创造了许多条件，所以作为具备一定信息技术能力的初中生而言，紧抓课堂学习的同时，也要重视信息技术在课后学习中的应用。

2.加强主动合作探究，转变数学学习方式

信息化教学环境不仅使教师的教学方式发生了转变，也为学生学习方式的转变提供了条件。教师在进行初中数学课程与信息技术融合教学时，不仅创新了知

识的传输方式，还发展了学生的实践能力和创新能力，让学生在学习数学知识时具备了自主探究的能力。

（1）学生要在数学学习时主动建立合作关系

合作关系包括学生与教师、学生与学生、亲子之间、与信息技术之间的关系。数学教师和课本资料不再是学习数学的仅有资源，学生可以在信息化环境的支持下与多方面进行沟通合作，积极主动地解决数学问题。其中，与初中数学课程学习资源建立联系，不仅可以通过丰富线上学习资源辅助线下学习，还可以与教师进行资源交互，以获取更好的学习效果。

（2）学生要在数学学习时积极进行探究式学习

探究式学习包括数学知识上的探究和数学学习方式上的探究。信息化学习环境让学生可以在课堂之外接触到不同形式和内容的数学知识，拓展数学学习的途径和内容，此时学生掌握着数学学习的主动权。他们可带着不同的数学问题，借助不同的信息技术，使用不同的软件，在不同的时空对数学进行探究式学习，在解决数学问题的同时，让信息技术真正与自身的数学学习相融合，从而提高学生的数学学习能力和探究创新能力。

第七章　核心素养视域下初中数学教学实践探索

《义务教育教学课程标准（2022 年版）》对核心素养提出了新的要求和解释，初中数学教师在教学实践中需响应《义务教育教学课程标准（2022 年版）》中关于核心素养培养、教学目标、教学实践、评价方式等内容的改革要求，结合学生的实际学情和教学实践现状，践行对学生综合能力的培养。目前，初中数学教学改革已较为深入，但仍然存在着不少可优化的空间。教师应积极分析培养初中生数学核心素养的必要性以及存在的问题，设计提升核心素养培养效果的教学实践策略，从而改善初中数学教学现状，促进学生全面发展。本章分为核心素养视域下初中数学课堂的构建和核心素养视域下的初中数学情境教学两部分。

第一节　核心素养视域下初中数学课堂的构建

一、核心素养概述

（一）核心素养的概念及内容

核心素养是由核心和素养构成的合成词，主要用来衡量一个人是否具有适应社会发展的综合素质。

"核心素养"是英文"Key Competencies"的翻译，英语中"Key"的意思是"关键的"，而"Competencies"这个单词被称为"能力"，但是从其意义上来说，"素养"更合适。概括地说，"核心素养"是"关键素养"。

"核心素养"最早出现在经济合作与发展组织（OECD）和欧盟理事会的研

究报告中。1997 年，OECD 启动了"素养的界定与遴选：理论和概念基础"研究项目，此时并未在项目名称中直接使用"核心素养"一词，但 2003 年出版最终研究报告《核心素养促进成功的生活和健全的社会》时，则使用了该词。

在各种"素养"中，以下七种最受国际社会关注：①沟通与合作；②创造性与问题解决；③信息素养；④自我认识与自我调控；⑤批判性思维；⑥学会学习与终身学习；⑦公民责任与社会参与。

在借鉴各类国际组织对核心素养的定义和描述的基础上，北京师范大学林崇德教授结合我国的教育实践，认为核心素养定义是学生在接受相应学段的教育过程中，逐步形成的适应个人终生发展和社会发展需要的必备品格与关键能力。林崇德教授认为，核心素养概念的演变与人类的进步和社会的发展是同步的，核心素养的概念是在不断丰富、不断发展的，具有鲜明的时代性。

（二）核心素养的内涵和表现

阅读、梳理有关核心素养文献时，北京师范大学林崇德教授将核心素养的内涵和表现分为以下内容：中国学生发展核心素养，以科学性、时代性和民族性为基本原则，以培养"全面发展的人"为核心，分为文化基础、自主发展、社会参与三个方面。

综合表现为人文底蕴、科学精神、学会学习、健康生活、责任担当、实践创新六大素养，具体细化为十八个基本要点。

人文底蕴包含人文积淀、人文情怀、审美情趣这三个基本要点，科学精神包含理性思维、批判质疑、勇于探究这三个基本要点，学会学习包含乐学善学、勤于反思、信息意识这三个基本要点，健康生活包含珍爱生命、健全人格、自我管理这三个基本要点，责任担当包含社会责任、国家认同、国际理解这三个基本要点，实践创新包含劳动意识、问题解决、技术运用这三个基本要点。

二、核心素养下初中数学课堂构建策略

（一）拓展教材教学知识

教师在日常教学的过程中，不能局限于讲授教材的基本知识，还应该将基本知识进行拓展延伸，激发学生探索更多知识的兴趣、提升学生的探究力。在教学过程中，教师需要对教材进行全方位的考虑，充分了解学生对知识的掌握程度，让数学变得生动有趣。众所周知，数学对部分学生来说是一门枯燥无聊的学科，

尤其是对数学基础比较差的学生来说，如果上课时专注力不够，那么就很容易走神，到后面就会完全听不进去，也听不懂。

在初中数学教学课堂上，教师要通过生动有趣的授课风格和教学手段吸引学生学习数学，提高学生的学习专注力。另外，教师在对数学知识进行拓展性讲解时，要融入日常生活中的元素，用数学知识解决学生在生活中可能遇到的问题，让学生觉得学有所用，这样学生就会愿意投入更多的时间和精力学习，从而学到更多的数学知识。

教师应想方设法提高学生的学习热情，创设有效的学习情境，帮助学生从各种环境中发现并挖掘数学元素，学会将理论转化为实际应用，解决实际问题。同时，教师还应培养学生自主学习、自主解题、自主思考的能力，让学生能够学会自主对理论知识进行验证，同时提高他们学习的积极性以及专注力、综合能力。

（二）实施初中数学差异化教学

1. 差异性教学实施原则

（1）普及性

课堂教学不同于个别化教育，它是一个教师面向50个孩子的教学，在此教学过程中，教授的内容不能只给20个孩子听，应该给全体50个孩子听，这就是我们所说的普及性。为了让一个班级里的每个学生都能有所发展，教学设计要保证普及性，对不同层次的学生要有不同的教学设计，力求达到后进生理解概念、中等生掌握概念、优等生应用概念。

认知学习理论表明，学生是在自身的认知基础上进行学习的，不同的认知能力和潜力水平决定了学生现有的学习能力。每个学生都有不同的认知基础，无法一一把握，我们可以按照他们学习能力的高低，对其进行分组，将学习能力大致相同的同学集中到一个组里，给他们安排相应的学习任务，这些学习任务是他们可以完成的，并且对他们的现有认知水平是有所发展的。小组内部可以互帮互助、合作交流、一起提高，等到这样的教学有效果时，再提高对他们的要求，按照其"最近发展区"的发展，培养他们的学习能力。

（2）针对性

教学不仅要有普及性，也要有针对性，针对性有多层含义；不仅针对各个层次的学生，还针对教学的各个环节，以及针对课堂教学的重点和难点。在课堂的教学设计中，针对不同层次的学生要有不同的目标设计、问题设计、练习设计和作业设计；针对教学重点、教学难点要有针对性的设计来强调重点、攻克难点。

针对每一个层次的学生，要求我们在设计目标时就要分层，对不同层次的学生提出不同的要求。例如，在问题的设计上要格外注意"梯度"，让后进生能随着第一层台阶慢慢走上去；在作业的设计上，不要求后进生做难题，不提倡优等生做反复的基础训练。

每一堂课都有教学重点和教学难点，课程标准大纲要求学生掌握课堂知识的重点内容并加以灵活运用，所以针对教学重点，一定要用特别的设计来吸引学生的注意力，让学生有意识地察觉到这是一堂课的重点内容，如可以借助板书小标题、语气的抑扬顿挫、课件的精心设计等方式来吸引学生的注意力，这样可以培养学生自主抓重点的能力；关于教学难点，这是一节课学生学习中爬坡的部分，大部分学生都会觉得比较吃力，这就更需要教师精心设计、由浅入深，将复杂的问题简单化，如可以借助小问题的累加、学生间的交流合作等方式来使问题简化。

（3）适用性

差异性教学不只适用于某一学科、某一学生，或者某一学段、某一所学校，差异性教学应该是全体一线教师的共同课题，面向我国广大教育线上的每一个受教育者，因此差异性教学应该适用于全层次的受教育者。

2. 差异性教学实施策略

（1）教学目标的差异性设计

因为义务教育的普及，我们现在实行的是班级授课制，班级里的学生水平参差不齐，所以针对不同水平的学生要制订不同的教学目标。例如，根据班里学生水平的不同，将班级里的学生分成四个组，主要以数学学习能力为标准。对这四个不同的组，制订不同的教学目标：第一组为尖子生，不只要掌握课本上的内容，还要求能够灵活应用、思维迁移、举一反三，除此之外还要培养自主学习的能力；第二组为优秀生，目标就是掌握课本上的重点内容，并能灵活运用；第三组为临界生，就数学学科而言，难题对他们来说有困难，因此他们的学习目标就是掌握基础知识，中档题做好、做对，在此基础上再去进步；第四组为后进生，在数学学科的学习上很困难，对他们的学习目标是掌握最基础的概念，会做最基础的题目，先达到及格水平。

（2）课堂设问的差异性设计

在课堂问题的设计中，要注意梯度和层次的设计，从简单设问入手，照顾后进生，让他们有一个思维的切入点，然后层层深入、层层递进。

在递进的过程中，后进生肯定会感到吃力，有些问题没有思路或者难以理解，这时就需要发挥同学之间交流互助的作用，在课堂的问题探究中，需要优等生带动后进生，课堂上的"小老师"会帮忙解决问题。这样就可以慢慢过渡到中等生和优等生能够达到的层次。对于知识的灵活应用不要求所有的学生都达到相同的水平，但希望这样的课堂设问可以在满足优等生的同时，还能照顾后进生。

（3）课堂练习的差异性设计

同样，在课堂练习的设计中，也要从最简单的概念理解入手，保证让全体学生都能解答出第一个问题，在进行了小部分的练习后，学生对于概念的理解慢慢变得熟练，此时就可以过渡到中等题目，课后可以设计难题让优等生加强应用。这样的课堂练习也可以面向全体。包括课后家庭作业的设计，应该让后进生多做一些基础性概念方面的应用，剔除能力性的难题，这样后进生的题量也不是很大，难度也不是很高，可以增强他们学习的信心。相反，应该给优等生剔除部分简单反复的练习，增加一些能力性的题目。

（三）加强问题化学习的实施

1. 强化教师对于问题化学习理论的学习

理论是从实践的宝贵经验中总结、提升得到的，反过来又可以指导实践。针对教师来说，教师是课堂活动的引导者、组织者和参与者，教师对于理论的掌握是否到位，直接影响教师的教学模式，以及教师在课堂中运用该教学模式所带来的课堂效果。针对问题化学习来说，教师对于问题化学习理论的了解是否透彻，直接影响教师对于问题化学习的态度，以及教师在课堂上开展问题化学习活动的课堂效果。

目前，随着新课改的推进，中学课堂上已经广泛开展问题化学习，教师已经对问题化学习的特点以及它所特有的优势有了一定的了解。据调查，目前大多数教师对于问题化学习的了解还停留在表面，其中很多是从自身的实践中吸取的经验，对于问题化学习的理论知识掌握的还比较薄弱，因此，接下来需要进一步对数学教师加强问题化学习的理论培训。理论学习不是一朝一夕就可以完成的，要深刻理解理论知识，并将理论运用于实践之中，需要教师从思想上明确理论学习对于教学实践的重要性，明确理论学习对每位教师而言是一种要占用较多时间、但能全面提高自己的过程。

第一，要加强对问题化学习理论知识的培训。对于教师来说，平常的工作较为繁杂，教师们主要通过培训获取知识，培训时教师由平常的知识传授者转变为学习者，学习更新、更科学的教学理论知识。教师培训时，通常是同一个学校不同学科或者是来自不同学校的教师聚在一起集中学习，这样做的好处是教师之间可以彼此交流、分享心得体会，提出自己平时教学中遇到的问题，一起交流解决问题，在交流中一起成长，这也是问题化学习的一种开展方式。因此，在对教师进行问题化学习培训时，要加强理论基础知识的学习，展示问题化学习的开展模式，并给出实际案例，让教师做到有据可依，帮助他们克服开展问题化学习过程中遇到的困难。

第二，要加深对问题化学习理论知识的理解，学习理论知识有助于了解一个陌生的领域。学习理论不是简单的死记硬背，而是要真正地理解体会，将理论知识内化成自己的知识，这样才能真正地领悟理论知识，为实践奠定深厚的理论基础。若是教师自身都不了解问题化学习理论，那么就无法在课堂中使用这种模式，即使勉强使用，最后的课堂效果也不理想。因此，对于问题化学习来说，教师要深入理解问题化学习理论，并且深入了解问题化学习的开展形式，不能对之前的案例照搬照抄，应该是教师在经过深入思考后，结合实际学情和自身的教学经验，将理论知识总结归纳后变成带有创造性的、有班级特色的模式开展，并应用于初中数学课堂教学中。

2.教师在问题化学习过程中的参与度要适当

问题化学习并不只是学生提出问题，课堂上小组讨论一起解决问题的过程，教师是问题化学习中不可或缺的一部分，在问题化学习中起着至关重要的作用。

第一，教师自身要明确问题化学习的任务及目标。问题化学习的任务可以是提前给学生布置课前任务单，也可以让学生当堂提出问题，这既是问题化学习的学习内容，也是鼓励学生自主学习和共同进步的主要动力。初中生的思想还不够成熟，对知识的储备量也比较少，再加上并没有足够强的自制力，因此更需要教师加强问题化学习的指导，让学生明确问题化学习的任务和目标。从问题化学习开展的具体内容来说，教师要选取难度适中、能让学生提出有价值的问题，并且适合小组一起讨论、合作学习的教材内容作为问题化学习的课题。教师在选取课题时，若是难度过大，会降低学生的自信心；若是难度过低，则无法调动学生参与的积极性。学生提出高质量问题后，教师组织学生对问题进行讨论，学生与学生间、学生与教师间合作解决问题，在这个过程中使每位同学都能明确自己的任务，方便顺利开展问题化学习。

第二，教师要参与到问题化学习的过程中。在开展问题化学习的过程中，教师需要采取小组讨论的方式，当小组讨论的时候，教师要在教室中巡视，参与到小组的讨论中，了解各个小组问题化学习的情况，了解每个学生的学习积极性，这样便于在展示讨论成果时，教师能够准确地给出对于学生的评价，激发学生的学习动机，促进学生学习的积极性。教师在参与小组讨论时，要用心观察，找出学生存在的问题；在点评的时候，教师要指出问题及指导意见，加强对于学生问题化学习的指导，促进问题化学习的顺利开展。

第三，教师在课堂上要有随机应变的能力。在教学过程中，教师会遇到各种各样的突发情况，可能会偏离教师最初的设计，这时就需要教师要根据实际情况随机应变，适当调整自己的教学设计，掌控课堂情况。特别需要注意的是，问题化学习给予了学生学习的自主性，学生有较大的发挥空间，教师需要提前设想好可能会出现的突发情况，并想好应对方案，若是在课堂上碰上突发情况，教师要及时调整问题化学习的策略，控制学生讨论以及课堂展示的时间，在教学中很好地发挥出教师的引导作用。

（四）优化初中数学课堂提问

1.教师需不断提高专业素养

在数学教学课堂中，教师的一举一动影响着课堂的整个环节。专业素养较高的教师能灵活地运用提问激起学生的兴趣，从而启发学生思考，让学生在思考中不仅能尝到思维的甜头，还能同时获得知识和技能。而专业素养较低的教师不能利用好提问这一手段，提出的问题容易打击学生的积极性，教学效率得不到提高，因此教师专业素养的提高势在必行。

第一，教师应该具备扎实过硬的基础理论知识，知识储备充足，帮助学生解决问题时才能够透过现象看本质，厘清问题之间的联系，对教材和课程标准有深入的认识、理解，对教材所处的背景知识有所了解。在熟稔《义务教育数学课程标准（2022版）》的前提下，用其指导思想分析教材内容，设计能突出重点的问题，还要准确估计教材的难点，由浅及深地设计出有梯度的、能攻克难点的问题。只有熟悉教材的这些重难点，结合学生的具体情况，对症下药，才能提出高质量的问题。

第二，教师还应当对其他类型的先进知识理论有所了解。教育学原理、基础心理学、数学史等方面的内容能帮助教师提升教学的技巧和手段。例如，学习实数时可以给学生讲述数的发展历史，这样不仅能抓住学生的注意力，让学生感受到数学的有趣之处，还能让初中阶段的学生对实数的分类有一个比较清晰、系统的认识。而心理学方面的知识在课堂提问中的应用就更为广泛，能帮助教师了解初中学生的心理特点，为更好地与学生交流沟通提供了理论支撑，这也就为教师能够提出有效的问题打下了基础。

第三，教师也要在教学中细心观察，逐渐形成自己别具一格的教学风格，这种风格是教师的个人特色，教师在课堂上应保持谦逊、幽默、优良、高雅的教学风格，避免"高谈阔论"形成华而不实的格调，也不要与学生"闲话家常"形成散漫的格调。

在提问时不要用方言表述，而要使用国家通用语言，叙述问题时注意不要使用口头禅等，这些行为习惯会分散学生的注意力，影响学生的思考和判断。好的教学风格是从细节上慢慢发展来的，注意细节的教师能快速形成自己的独特风格，吸引学生，学生的注意力集中，提问的有效性也会增强。

第四，教师要有强烈的责任感和关爱精神，这些也是教师必备的优良品质。具备这两种品质的教师自然会热爱教师这份职业，对工作充满激情，对学生十分关心。学生在教师的关怀下，愿意将学习或者生活上遇到的开心与困惑同教师分享，教师也乐意倾听或者帮助学生解决困难。在这种良性的交流中，教师会逐渐了解到不同学生学习的困惑、学习的进度、学习的习惯以及性格特点。教师对学生的情况了解得越深，就越能根据学生的特点有针对性地提出问题，实现"因材施问"。

现如今是信息时代，知识都在不停更迭，初中数学教学也是如此，教学内容和目标不断变化和改革，对教师的要求变得更高。教师要顺应时代的发展，从各种渠道努力汲取知识、充盈自己，不断增加自己的知识储备。

2. 精心设计问题，注重数学提问方式

设计问题的质量关系到教学的课堂效果，也是一个教师教学水平的衡量指标，有效的课堂提问是激发学生主动学习的关键。因此，精心设计课堂提问对课堂教学十分重要。初中数学教师在进行课堂提问时，应该根据本堂课的教学任务和教学内容，精心设计不同类型与难度层次的问题，并注意将所提的问题和当下学生的学习特点、认知发展水平有效结合。在实际的教学中，如果以聚合性、内容性、低层次性的问题为主，就算问题设计得再精妙，学生的抽象思维也难以得到理想的发展，课堂教学也难以达到理想的效果。

在真实的教学环境中，应根据当前的教学任务和目标的变化，动态地设计课堂提问。例如，当教学任务容易完成时，设计的问题可以是比较简单、低层次性的；当教学任务较为复杂时，设计的问题就应是高层次、加工性的问题，这样不仅让学生对问题进行深度思考，也发展了学生对知识的深度加工能力。数学教师在课堂提问中，不能只局限于某一固定的模式，而应结合教材内容、课堂氛围和学生发展特点，灵活运用教学技能提高课堂提问的有效性，通过与学生的密切配合，突出学生是课堂主体的特点。

第一，数学教师要重视课堂教学的启发式提问，循循善诱地引导学生，其核心是调动学生的主观能动性，通过启发式的课堂提问不断把学生引入"愤、悱"的学习状态，教师要恰到时机地进行引导、启发、鼓励，促使学生自己独立思考、主动探索、解决问题。启发式的课堂提问方式不仅体现了学生的主体性，也表现了教师在课堂教学中的指导性，展现了教师的基本教学技能。

第二，考虑到个体差异性、学生的团结合作能力，讨论式课堂提问在课堂教学中也十分重要。讨论式课堂提问以小组为单位，以学生自己的活动为中心，小组内学习成绩有差异的学生可以在讨论时互相帮扶，实现取长补短，每一位学生都可以自由表达自己的观点和看法，一起探究学习过程中的不足和需要改进之处，这样就可以很好地培养学生的口头表达能力、批判性思维能力以及辨别整合能力。在初中数学课堂教学中，教师可以充分利用这一提问方式让学生进行充分讨论，在讨论的过程中，教师要时刻关注学生讨论的情况，并恰当地进行指导，把静态课堂转化为动态课堂，让学生充分感受数学学科的趣味性。

3. 有效倾听，促进学生的语言表达

倾听就是把注意力放在对方的言谈上，通过对方的语言理解对方想要表达的意思和情感。在教学中，学生才是课堂教学活动中的主体和主要表现者，要给予学生一定的语言表达机会，引导学生在课堂上主动积极地表述自己的理解和想法。在学生回答问题时，教师应该耐心并专心聆听学生对问题的理解与思考，这是对学生的尊重，也是对学生的重视，要为学生在课堂上敢于表达自己的意见创造有利条件；反之，如果学生回答问题时，教师表现出心不在焉、过于严肃或漫不经心等状态，学生会觉得自己的回答没有得到老师的认可，甚至觉得自己的回答发言是无关紧要的，这必然会使其自信心和积极性受到影响。在实际的初中数学课堂教学中，部分教师只关注自己的教学进程，未把学生的发言当作教学活动过程的必要一环，因而没有认真对待学生的回答。

另外，学生在回答问题时，可能也会出现抓不住重点，甚至出现答非所问的情况，这时候需要教师耐心倾听，不要粗暴地打断学生发言或无情否定学生。教师要保持理智沉稳的状态，耐心地倾听学生的每一次发言，尊重学生的每一次发言，通过学生的发言洞悉学生的心理状态，及时了解学生掌握知识的状态水平，做出正确的判断。

初中数学课堂重视逻辑推理，许多数学问题要通过推理论证才能得到答案，如果初中数学教师用心聆听学生的回答和推导过程，同时捕捉学生的破绽之处，洞察学生的细微表情变化，感知学生的心理活动状态，可为后续帮助学生找出学习症结做准备。

4. 提问时寻找合适的时机

提高提问有效性的另一个方式是在恰当的时机发问。一方面，教师可以根据初中学生学习的特点安排提问。中学生不可能整堂课都保持高度的注意力，因此教师可以在课堂刚开始学生状态较好时提一些记忆性的问题，加强对知识的理解。课堂中期学生的注意力涣散、积极性下降，这时教师可以抛出一个趣味性、挑战性强的问题将学生的注意力拉回课堂。快下课时学生对新知识的吸收已经接近饱和，此时教师可以准备一些发散性、评价性的问题，让学生在回答问题的过程中潜移默化地对本堂课的知识进行整合应用，以发挥课堂提问的最大作用。另一方面，教师可以根据数学内容的特点，在讲授新知识时发问，如学习一元二次方程时，可以提问"你认为一元二次方程的概念里有几个关键词""根据这个定义，你认为满足哪几个条件的方程是一元二次方程？"等，帮助学生深刻理解定义的本质，为后续应用该新知识做好铺垫。在知识类比时提问，如学习不等式的性质时，可以提问"你还记得等式有什么性质吗？""不等式与等式只是连接的符号不同，整体来看形式相似，那么你能大胆地猜测下不等式会有什么样的性质吗？"等，帮助学生建立前后知识的联系，同时也能对比知识的不同。在应用新知识时发问，此时的提问可以检测出学生对于知识是否真的理解了，让教师了解学生的学习水平和状态。

5. 注重数学课堂提问反馈

针对学生课堂提问的反应，教师的反馈可分为"积极"和"消极"两种表现，积极的教师反馈有利于学生进行深度学习，消极的教师反馈则不利于学生思维能力的发展。教师要提高对课堂提问的反馈，就要了解学生的学习动态。在网络教学资源日益丰富的情况下，当前学生思维的深度和广度，都是以前学生所达不到的，作为课堂教学提问的主导者，教师只有具备多元思维和多领域知识储备，才能游刃有余地解决学生的各种问题。

第一，教师要及时为学生解惑，完善学生的知识认知结构。在课堂提问中，当学生面对新知识问题，从已有的知识中无法找到解决的方法时，教师要及时恰当地对学生进行指导，帮助学生发现所学知识之间的关联。如在学习等腰三角形与等边三角形时，教师可以借三角形的知识对两者进行比较、分析，让学生了解到等腰三角形和等边三角形的概念和特点，使学生在掌握新知的同时，也拓展了已有的知识结构。

第二，教师要调节课堂提问氛围，活跃学生思维，激发他们学习的自主性。初中数学教师在讲解问题的过程中，要考虑学生回答问题的状态，尽量通过举例论证来完整地展现整个思维过程，扩展学生的思维角度，提高学生的思维活跃度。另外，在课堂提问中，教师也要注重对学生提出的问题做出反馈，增强学生对提问这一行为的重视，这样学生会愿意更加积极地提问问题、思考问题和解决问题，从而培养学生的逻辑思维能力以及表达能力。

6.课后及时对提问反思总结

教学是缺憾的艺术，很少有教师能做到课堂的每个环节都完美无瑕。但是，可以通过课后及时反思减少遗憾，力求课堂趋近于完美。细节决定成败，优秀的教师要做到课后从每个细节重新复盘上课的流程，自我评价一下哪些问题是无效的，哪些问题没有达到自己的预期，是提问的方式不对还是问题设置得不够合理，在下次上课时避免无效提问，改善问题内容。哪些问题又引起了学生的兴趣，带动了课堂的气氛，实现了学生自主学习的目标，那么可以在下次上课时多准备一些类似的问题。此外，教师还要反思自己的提问方式是否单一、语气是否缓和、表情是否亲切、表述是否清晰准确。这样思考下来，对最初设计这堂课的思路会更加清晰，也有了更好的方案。另外教师也可以观看名师授课视频，从中汲取先进的教学方式和经验。

7.培养学生数学问题意识

课堂教学中的数学问题意识是指学生在数学学习活动中，如在数学概念、数学理论、数学命题、技能形成等学习过程中，遇到难以理解的理论或问题时，产生的强烈求知欲，从而激发学生的内在动力，使其主动积极地发现问题、提出问题和思考问题。数学问题意识是学生学好数学必备的思想素质。

第一，可以促进学生的创造性思维。学生只有在数学认知活动中具备问题意识，才会产生浓烈的求知欲去发现问题，并尝试解答问题。在学生做多种假设想象时，必须调动其注意力、观察力、思维力等，这样带着问题意识进行数学学习，学生的各种能力都能得到相应的发展，创新创造能力也能得到增强。

第二，学生主动提出问题，能够让学生展露自己的学习状态，教师也能更好地把握学生的"最近发展区"。当学生在课堂教学中提出疑问时，教师可以了解学生学习的思维过程，清楚他们学习的疑点和难点，这样可以更有针对性地进行教学指导。另外，培养学生的问题意识可以让学生调动已有的认知结构去理解新问题，在思考新问题的过程中丰富和发展原有认知体系，从已知到未知，未知到已知，思维不断进行组织和整合，有利于学生建构网状的认知结构。

（五）优化初中数学课堂评价

小组评价的实施能让课堂"保鲜"，让学生在课堂学习中充满活力、动力。小组评价在课堂中主要以课代表记录、教师当堂给分为主。那课堂教学中什么时候给分呢？可以是在课堂某个环节有依据地直接打分，机会均等、公平给分，也可以一节课给一个总评。每周累计计算一次小组课堂得分，阶段性评出优秀小组奖、进步小组奖、"黑马"小组奖。除了奖状，还有物质奖励，同时奖品要随年级而变化，每学期2次。

课堂评价的目的是通过不同方式让学生对课堂更有激情，通过评价、表扬让学生明确教师要培养什么，从而达到教师在教学中通过评价促进教学的目的。课堂评价实施要点：评价有针对性、公平性，奖励有层次。

数学核心素养具有一致性、阶段性、发展性。教师要重视数学课堂讨论、展示实施、教师指导、课堂评价，这四者教师要运用自如、多研讨、多总结。数学课堂教学不是单一的，各种展示也不是孤立的，它们可以灵活运用。比如，七年级数学新授课展示宜多用各小组分配任务展示（强化熟练展示），八年级数学复习课展示宜多用小组自由竞争、合作展示（强化归类展示），九年级数学探究课展示可用全班分层展示，延伸、拓展展示（强化自主展示）等。

（六）优化初中数学课后作业

1. 核心素养视域下初中数学作业的设计

（1）核心素养视域下初中数学作业的设计原则

①实效性。教师基于初中数学核心素养去设计初中数学作业时，应该把布置作业的根本目的当作出发点，使数学作业能够真实地反映出学生的实际学习情况。

因此，作业的设计必须先具有较强的实效性，才能有较强的练习效果，才能发挥出数学作业的作用。

初中数学教师在设计数学作业时，应该提高数学作业的质量、减少数学作业的数量，保证学生能通过做最少的题，取得最好的学习效果，这样学生就会有更多的时间去思考所学的知识，学生在写作业的过程中就能够对当天所学的内容完全掌握，并内化为自己的东西。

②层次性。如果教师想要拥有最好的教学效果、达到最理想的层次，数学作业的设计就必须适合不同层次的学生，也就是说在设计作业时必须分层设计作业，教师要直视学生之间的能力差异，根据不同层次学生的理解能力来设计作业，保证学生通过完成作业是有一定收获的，而不是能力较强的觉得作业太简单、能力较弱的又做不完作业。通过满足不同层次学生的练习需求，使他们通过数学作业提升课堂学习的效果，在巩固课堂所学知识的同时能力也得到发展。

③多样性。现阶段的初中数学作业的种类比较少，学生已经厌烦了这样的作业，把作业像任务一样对待，没有主动学习的积极性。因此，教师基于初中数学核心素养去设计初中数学作业时，应该从不同角度去设计学生的数学作业，数学问题本来就是种类丰富的，多元化的数学作业会从多角度培养学生，这样的数学作业有利于学生对知识的把握以及思维的发展。

（2）核心素养视域下初中数学作业的设计策略

①分层作业促进学生素养发展。在核心素养的视域下设计初中作业，首先应该考虑的问题就是设计出的作业是不是符合初中生现阶段的实际情况，必须摒弃"一刀切"形式的作业，需要给不同层次的学生自己选择作业的机会，给他们更多发展的可能。

因此，教师在设计作业时要面面俱到，考虑学生的水平差异，可以概括地把数学作业分为三个层次：首先是第一层次的作业，它应该是适用于所有学生的基础性知识点的练习题；其次就是第二层次的作业，相对于第一层次的作业来说，这个层次的作业更偏向对学生综合性知识训练的综合性习题；最后一个层次的作业适合少部分学生，这个层次的作业更偏向于能力提高型习题。这三个层次的作业难度是依次递进的，这样才能保证不同的学生都能从作业中有所收获。

②趣味作业激发学生学习兴趣。教师在核心素养的视域下去设计初中数学作业时，要考虑数学作业对学生来说是否具有趣味性、灵活性，要在课堂教学之后的巩固练习中加入对学生的思维训练，要让数学作业不再是传统的、枯燥乏味的数学作业，而是变得丰富有趣，让兴趣成为驱使学生认真做数学作业的动力，让

学生主动发现数学之中蕴含的乐趣，这样既练习了学生的数学知识点，又锻炼了学生的数学思维能力。

③生活作业强化学生数学思维。教师在核心素养的视域下去设计初中数学作业时，可以考虑学生的实际生活，把这个当作"出发点"，丰富数学作业的种类，多给学生设计一些与他们实际生活相关的数学作业，让学生能够体会到数学的"大"作用，领略数学知识的魅力，主动地完成数学作业。

④开放作业激活学生创新意识。教师在核心素养的视域下去设计初中数学作业时，可以多选择一些"开放性"的数学作业，它是鼓励学生练习的一种有效手段，能够使学生的思考不再仅仅局限于某个层面，而是会主动地从多个角度、多个层次去发现问题，培养学生的创新思维，这样学生就不会再像以往那样，思考问题具有片面性，而是会养成多方面、综合思考问题的习惯。

2.核心素养视域下初中数学作业的布置

（1）核心素养视域下初中数学作业的布置类型

在核心素养的视域下去设计作业，可以把初中数学作业分为以下四种类型：预习型作业、练习型作业、探究型作业和检测型作业。

首先，教师根据课程标准把课堂学习目标设计成一个个的小目标，并根据这些目标设计成一系列的问题来制订导学案。课前教师把导学案发给学生，通过预习，学生会清晰地认识所要学习的数学知识点，也知道哪块将会是这节课的重点内容，那么上课的时候，教师讲到这部分的内容时学生就会重点去听，对学生的学习将会有很大的帮助，这是预习型作业；其次，在大屏幕上展示学生的疑问，让全体学生进行讨论和交流，这是探究型作业；再次，教师要针对学生不能解决的问题，及时设置练习，使学生快速练习和巩固，这是练习型作业；最后，教师如果想要知道学生到底有没有学会，可以给学生出几道本节课内容的习题，看看学生回答得正不正确，根据测试结果，突出重点内容，对题型进行总结，这是检测型作业。

（2）核心素养视域下初中数学作业的布置策略

在现阶段的初中数学实际教学中，很多教师选择的方法都是因材施教。如果不因材施教，将一个班级的所有学生都按照一个层次进行教学，对于学习好的同学来说，内容太过于简单，对他们的提高没有好处，只是在浪费时间；而对于成绩差一些的学生来说，教的知识又太难了，不知道该怎么做，长此以往做不出来就会不喜欢学习。

没有完全一模一样的学生，在同一堂课、同一个教师的教授下，不同学生的学习会有不一样的结果，因此每个学生之间都有一定的差异，这是因为他们有不一样的学习习惯，他们对待数学的兴趣不一样，甚至他们对待学习的态度也不一样。基于此，在设计数学作业时，教师需要考虑每一个层次学生的需求，使不同的学生在完成不同难度、不同量的作业的过程中都能把知识学会、理解好。

综上，数学教师在布置作业时要注意分层布置，为不同的学生提供形式多样、不同种类并且适合他们的作业，以保证不同学生取得相应的效果，这样既能够提升学生自身的数学学科素养，又可以达到教师的发展要求。

（七）构建初中数学智慧课堂

1. 智慧课堂的特征与优势

智慧课堂能够使学生更大限度地发掘自己的智慧，提升自身的创造力和解决问题的能力。与传统课堂相比，智慧课堂有以下几个突出特征。

（1）教学过程智能化

智慧课堂依赖智能化教学设备和现代化教学技术开展教学活动。教学活动在智慧教学环境的支持下具有智能化的特点。

一方面，在智慧课堂中，学生将自己的学习成果（作业等）上传至线上平台后，课堂教学平台收集到学生的学习数据，便可以对学生的学习情况进行智能化分析评估，并生成直观性的教学反馈。教师可以根据大数据统计和分析结果及时准确地掌握学生的学习情况，并进行有针对性的备课和教学反馈，实现分层教学和精准教学。学生可以根据自己的学习数据统计及时了解自身的学习情况，并及时调整学习方法，端正学习态度。

另一方面，现代信息技术将原本枯燥无味的课堂变得生动形象。在智慧课堂中，教师可以用计算机直观地展示一些抽象的函数图像、立体的图形以及某些几何规律，必要时可采用动态化呈现，如相似、投影、三视图、勾股定理的证明、一次函数与二次函数图像等知识点，通过计算机的直观展示或动态化演示使学生有更加清晰的认识和理解。

（2）教学方式个性化

首先，学生在智慧课堂中可以利用移动终端设备和互联网在课下进行自主学习、自主思考，分析并解决问题。自主学习时，学生可根据自身情况自由地安排学习进度。

其次，在智慧课堂中有微课、文档、图片、动画、视频、幻灯片等多种学习资源，教师在备课时可以根据教学内容和学情选择合适的学习资源推送给学生，学生从中选取适合自己的学习资源进行学习，以实现学习资源个性化。

最后，课堂结束后，教师为学生们提供不同难度、不同考点的题目上传至云端，系统根据学生的学习数据推送不同类型的学习资料和作业，以实现个性化教学。

（3）师生互动高效化

在智慧课堂上，学生课前根据教师发布的导学任务和学习资料进行学习，课上便有更多的时间解决问题。此时，教师也转变了自己的教学理念和定位，突破了"师道尊严"的思想，逐渐增加与学生的课堂交流与互动，平等地与学生探讨数学问题，各抒己见，在轻松的氛围中探究数学知识，真正实现教学相长。对于在课下学习时解决不了的问题，学生可以在平台讨论区提出自己的疑问，教师和其他学生随时可以回答，使得课下师生的交流突破时间和空间的限制，变得立体高效。

（4）教学评价多样化

传统课堂的教学评价多依赖考试成绩，形式单一，且统计多利用纸笔进行，效率低，同时不便于分析。智慧课堂中的现代科学技术有助于教学评价的多样化发展，比如，系统可以收集储存学生的学习过程性信息，并纵向分析其学习情况变化和阶段性特点等，同时还能横向分析与其他学生的对比情况等。智慧课堂下对学生的评价不再是"唯分数"论，而是根据学生的平时表现进行动态评价，这样既保证了客观真实，又关注了学生的日常学习活动。另外，智慧课堂的评价结果可以导出并实时分享给家长，如此一来，便可以让家长更加直观清晰地了解学生在校的学习情况变化，促进家校合作共育。

2. 初中数学智慧课堂的构建

（1）合理利用智慧课堂提高课堂效率

教师应突破固定化思维，提高创新意识，善于发掘利用智慧课堂的现代教学技术，充分发挥智慧课堂的最大效用。

第一，数学学科知识具有抽象化的特征，且越深入的数学知识越抽象。初中数学处于小学数学的形象化学习和高中数学的抽象化学习之间，是学生从具象思维到抽象思维转变的关键期。建立好抽象的数学符号、数学语言与具体数字或图形之间的联系对学生后续学习有奠基性的作用。因此，数学教师应当充分利用好电子资源，帮助学生建立抽象的数学知识与具体的数字、图形之间的联系，如在图形与几何部分，教师可以利用电子设备制作标准化图形，必要时可以使用动态化图形演示，帮助学生建立几何直观和空间观念，提高识图能力和空间推理能力。

第二，数学来源于生活又高于生活，是生活中一些事物或规律的抽象化，教师可以利用信息技术将所学的数学知识与学生的日常生活紧密相连，让学生体会数学知识在生活中的应用，并引导学生反过来用数学知识解决生活问题，进一步认识生活问题数学化和数学问题生活化的过程。

第三，数学教师应充分利用好学生的学习反馈数据。在传统课堂中，教师较难及时准确地了解学生的学习情况，只能通过批作业时的大致印象来把握学生的学情，或通过课上提问部分学生来推测班级的整体情况，这样不仅费时费力且得出的也只是粗略的、不全面的学生学习情况。而在智慧课堂中，教师可以通过在平台上发布任务或题目来检测学生的学习情况，学生提交后教师端立即可以得到学生的作答情况、数据统计与分析情况等，所得到的统计结果不仅清晰直观而且非常贴合学生的实际学习情况。无论是课上还是课下，教师都可以根据该结果及时有效地掌握学情，进而及时调整教学计划，有效地提高教学效率。

第四，教师可以利用智慧课堂调动学习氛围。例如，教师可以在课堂上使用抢答或抽答功能。抢答功能使学生之间互相比拼、互相竞争，可以激发学生的积极性，提高学生的学习兴趣；抽答功能则采用系统随机抽取的方式提问，可以更好地避免个别学生注意力不集中的问题。

（2）健全智慧课堂管理制度

学校应当成立智慧课堂课题组，制定智慧课堂相关规章制度。

首先，制定师生电子设备使用规范，确保师生妥善保管、合理使用电子设备，注意用电安全，禁止在师生端设备上浏览与教学和学习无关的网页、资料，禁止安装游戏等与教学无关的软件，防止师生滥用电子设备或使用电子设备进行与学习无关的活动，同时避免师生因操作不当引发的设备故障和损坏。

其次，还应当健全智慧课堂评价制度，充分利用智慧课堂的优势，开展多种形式的教学评价，充分利用好智慧课堂的数据分析功能，开展动态评价，以评价促发展。

最后，定期举行研课、磨课和评课等实践教学活动，组织教师探讨应用中出现的问题和期待开发或优化的功能，只有及时发现问题才能解决问题。

第二节　核心素养视域下的初中数学情境教学

一、数学核心素养的内涵

数学核心素养起源于国际学生评价项目（PISA），其兼顾了数学内容的掌握和应用数学的过程。PISA 于 2012 年提出：数学核心素养是个体在各种情况下形成、使用和诠释数学的能力，包括数学表达、数学交流、符号使用、数学思维和推理、数学论证、数学建模、使用辅助工具和技术、提出和解决问题八大能力。

我国对数学核心素养最初的探究是在《全日制义务教育数学课程标准（实验稿）》中提出的数学素养。《义务教育数学课程标准（2011 年版）》中指出："数学是人类文化重要的组成部分，数学素养是现代社会每一个公民应该具备的基本素养。""课程内容要反映社会的需要、数学的特点，要符合学生的认知规律。它不仅包括数学的结果，也包括数学结果的形成过程和蕴含的数学思想方法。"在该课程标准中提出了十个核心概念：符号意识、空间观念、数感、几何直观、运算能力、推理能力、数据分析观念、创新意识、应用意识、模型思想。

随后不断有学者开始研究数学核心素养的内涵。东北师范大学孔凡哲教授提出了我国学生数学核心素养的内涵，认为我国学生数学发展有三大核心能力：第一个能力是学生在数学化活动后形成的数学思维方式；第二个能力是数学发展中必需的数学推理能力、数学抽象能力、直观想象能力、数学抽象能力、数据分析能力、运算能力；第三个能力是学生经过数学化活动后形成的良好的数学品格及健全人格养成。

《义务教育数学课程标准（2022 年版）》确立了核心素养导向的课程目标，强调"四基"（基础知识、基本技能、基本思想和基本活动经验）与"四能"（运用数学知识与方法发现、提出、分析和解决问题的能力）。

二、初中数学情境教学中创设情境时应遵循的原则

（一）启发性原则

情境的创设旨在启发学生深入思考、发现问题、提出问题、解决问题，从而达到使学生更好地理解数学知识的目的。在有效的情境中教师应该给足学生思考

的时间，引导并启发学生层层深入地思考问题，最终深入理解数学知识，将数学知识融会贯通。

（二）趣味性原则

学习的原动力一定是兴趣与好奇心，学生被吸引，才能够将全部精力投入知识中来，创设富有趣味性的情境可以帮助学生轻松愉快地学习数学，感受数学的魅力。教师创设情境时可根据学生的认知、年龄阶层以及学生的日常生活来收集素材，并利用现代化多媒体技术，将静态、抽象的数学知识直观地、有趣地呈现在数学课堂上，从而提高学生的学习积极性。

（三）科学性原则

情境的创设不仅要符合实际，还要遵循客观规律及科学性原则。创设情境时所用到的素材需要内容完整且清晰，符合学生的认知规律，在创设虚拟情境时要注意学生对客观世界的认识。因此，教师在创设情境时，需要把它和教学内容充分融合，并转化成学生能够理解的内容，从而清晰地将它们表达出来。

（四）探究性原则

教师在创设情境时所设置的教学内容不仅要能激发学生的好奇心，还要必须富有探究性，蕴含数学问题，能够真正引发学生进行深入思考，使学生产生强烈的探究意识，从而锻炼学生独立自主获得新知识的能力。

（五）生活化原则

数学来源于生活，应用于生活，学生对于初中数学学习经常会产生的一个误区是认为学习数学在生活中的用处不大，仅仅体现在学校的测试中，因此教师在创设情境时要注意将数学知识与生活实际紧密结合，提升学生的认知，帮助学生体会数学与生活的联系，将数学应用在生活中。

三、数学核心素养下初中数学情境教学策略

（一）明晰情境教学目标定位

1.情境教学目标定位必须凸显其实效性

培养及提升学生依托所学知识对现实问题进行分析、解决的能力以及提升学生综合素养是情境教学实施的根本目标。在设计情境时，教师应以情境化理念为依据、以特定学习任务为内容，从包括知识、能力以及情感等在内的不同角度寻

找学习任务与生活之间的契合点，从不同层面对学习内容进行设计。从知识层面来看，教师应以基本概念以及基础知识为前提，寻找原本抽象的学习内容呈现在社会生活中的具体样态，进而设置情境帮助学生在概念、知识以及现实生活之间建立起对应关系，由此他们才能成功进行知识迁移；从能力层面来看，教师需将学习内容以生活现象及生活问题的样态呈现出来，学生在灵活运用数学知识对生活现象进行分析的过程中可以形成明确的解题思路，构建起相应的数学模型，这样他们的数学思维能力自然可以有效提升；从情感层面来看，教师要借助学习内容与鲜活现实的贯通帮助学生获得对数学学科形式美、思维美的深刻感知，并帮助其树立起科学的学习态度、培养其积极的情感以及高尚的道德情操。

2.情境教学目标定位必须具备发展性特征

数学核心素养培育是一个螺旋式上升的过程，并不能一蹴而就，借助情境教学可达到培育学生数学核心素养的目的，教师也不能急功近利，而应凸显情境教学目标定位的发展性特征。在操作实践中，教师需借助包括课堂观察、依托测试工具等多样化手段对学生学情、基础知识掌握程度进行深入分析，对学生理解、把握出现在现实生活中数学问题的能力进行准确判断。在准确判断学生理解、把握数学问题能力的基础上，教师要引领学生对自己在学完某部分数学内容后可能达到的知识能力水平进行科学预判，以此来定位情境教学的目标，即在阶段性学习开始之前，教师应引领学生对自己能否达到"最近发展区"进行思考，唯有如此，学生才可以在正视自己现有知识能力水平的同时充分了解自己应然的能力提升。

除此之外，对学生从价值观念方面进行的引导也是发展性的具体表现。教师可以从学习态度方面、学习习惯方面以及道德品质方面对学生提出发展性要求，学生在对数学知识进行实践以及反思的过程中可以形成良好的学习习惯、正确的学习态度以及三观。

3.情境教学目标定位必须凸显差异性

每名学生都是独特的个体，他们拥有不同的生活经历、人际关系、生活经验、知识基础、看待问题时选取的视角以及能力。因此在将情境教学引入初中数学教学时，教师必须正视学生的个体差异，在对情境教学目标进行定位时必须因生、因时制宜，只有这样才能提升课堂教学和学生学情之间的匹配度，帮助拥有不同生活经验和不同知识基础的学生，各自依托自己原有水平获得明确的学习方向、制订出适合自己的学习目标。

因此，教师在制订教学目标的过程中需凸显差异性，结合学生个体的不同水平灵活调整教学进度和教学内容，以富有差异性的教学促进不同学生依托原有水平获得全面发展。唯有设置具有差异性的教学目标，才能突出教学目标的人本特色，不同层次的学生才能各自基于自己原有基础拓展学习视野，提升知识理解水平和应用水平，才能真正体现情境教学应用于初中数学教学中的优势。

（二）完善情境教学任务

对情境教学任务进行进一步完善，教师首先要突出任务内容的趣味性。与其他教学法相比，情境教学的优势就在于通过将抽象数学知识和鲜活现实生活的结合，创新知识呈现形式，让原本抽象的知识可观察，甚至可触摸，也即将抽象枯燥的学习内容变得富有趣味性。

在设计情境教学任务内容时，教师要借助情境教学这一"器""形"引领学生借助情境"实做"。借助情境教学，学生对学习内容会更乐于接纳，他们在情境中也会获得更为丰富的感性体验，解读知识内容的能力也获得了提升。教师要善于突出任务内容的趣味性，将抽象的学习内容以富有趣味的形式进行包装，用以盘活学生的学习兴趣，这样学生才能以饱满的热情投入到学习任务完成的过程中，初中数学教学才能高效开展。

对情境教学任务进行进一步完善，教师还要做到任务内容难易适度。虽然初中生已具备一定的数学分析能力，但与成年人相比，他们的生活经验并不丰富，知识积累也极为有限，将已储备的数学知识和生活现象有机联系起来的能力也有所欠缺，因而，在将情境教学引入初中数学教学的过程中，教师在设计教学任务时应做到难易适度，因为一旦难度过大，学生会产生力不能及的感觉，从而降低他们的课堂参与意识，自信心也很可能受到打击，这不利于他们的身心健康发展；若教学任务不具备挑战性，多数学生势必会丧失探究积极性，他们在任务完成过程中也很容易产生倦怠的情绪，这对他们的学习能力提升与思维能力发展也无益。

因此，教师在设计教学任务时，必须做到与学生年龄相结合、与学生已有知识水平相结合甚至与学生性别相结合，在基于学情的基础上精心选择教学任务，并依据课堂上的学生表现灵活调整任务内容。设计教学任务时，教师还必须结合数学知识结构特点，将那些和所学知识内容密切相关的鲜活的生活材料引入教学任务，充分调动不同层次学生完成学习任务的积极性，这样学生才能主动参与、积极探索。

（三）注意情境素材积累

情境素材来源于现实生活，不论是教师还是其他人，都会在生活中遇到各种各样具有教育价值的事例，如果教师能够记录经历的这些事件，并将其与初中数学教学联系起来，那么情境素材将会源源不断。

因此，初中数学教师要养成经常记录的习惯，多观察、多思考，不仅要从自身的角度、初中数学情境创设的角度思考，还要从学生的角度思考周围发生的事件，有意识地将它们联系起来，这样既能让学生加深对生活的认识，还能促进学生对知识的理解。

首先，教师要从自己的生活入手，留意自己经历的各式各样的情境，做一个有心人。作为一名初中数学教师，要时刻留意、观察周边的事物，紧跟时代的潮流，从周围这些自己经历的事情当中发现一些对数学有用的东西，从而积累一些情境素材，防止在情境创设时局限于课本，没有恰当的情境素材；其次，收集、留意他人经历的情境；最后，留意在外出培训时，听课交流中了解到的情境素材。

同时，教师在使用这些情境时应当注意以下几点。

①目的性。在初中数学教学中，教师都是有目的地设置一些内容，情境创设也是一样，必须具有明确的目的，必须围绕本节课要学的数学内容展开，如果创设的情境不能为教学服务，那么一切的花哨都是多余的。

②趣味性。要让学生能够主动学习，将激发学生的兴趣与热情放在第一位，同时，不能只让个别学生感兴趣，还得让全体学生感兴趣，因为教学是面向全体学生的，并不是只针对个别学生。

③真实性。情境的内容要真实，不可以无中生有、含糊不清、东拼西凑，一些虚假的情境无法帮助学生更好地学习数学知识。

④问题性。情境与问题之间具有紧密的联系，初中数学教师创设情境时要把问题隐藏在素材之中，通过创设问题情境，激起学生的参与意识、探究意识，让学生经历发现与提出问题、分析与解决问题的过程，从而培养学生的思维能力。

⑤层次性。对任何事物的认知都是从简单到复杂的，都有一个认知的过程；并不是刚上来就呈现复杂的内容，要有一个循序渐进的过程。因此教师在创设情境时要有层次性，由易到难、由表及里，逐渐启发引导学生，这样才能让学生更好地接受知识，从而更好地理解知识。

（四）创设情境教学环境

数学是一门严谨且极具抽象性和逻辑性的学科，学生在学习时难免会觉得枯燥和困难。如何既能引起学生兴趣，又能提高学生思维能力就显得尤其重要。情境教学是建构主义教育学家提出的典型教学方式，在激发学生兴趣方面起着至关重要的作用。在情境教学中，创设教学情境的方式主要有以下三种。

1. 设置问题情境，引发学生兴趣

《义务教育数学课程标准（2022年版）》指出，初中数学教学应当体现学生的主体地位，教师应当结合学科特点和学生特点，创设有利于学生探究的问题情境。美国数学家哈尔莫斯（Halmos）说过，问题是数学的心脏，学生应该在不断解决问题的过程中学习数学，这也说明了问题的重要性。

教师在设置问题情境时，应同时满足数学学科特点、教学目标的要求和学生的身心特点。在教学过程中，教师应尽力为学生提供探究问题的时间和空间条件。同时，教师还要注意学生是学习的主体，学生应该在教师的指导下独立经历观察、推测、论证和总结等活动过程，这样才能使学生的探究能力和创新能力得到提高。

教师可以通过设置悬念问题，创设问题情境。古希腊著名思想家亚里士多德（Aristotle）认为"思维自惊奇和疑问开始"，富有悬念的问题会使学生"心求通而未达，口欲言而未能"，这种状态下的学生更有可能被激起求知欲。教师可以趁机点题，使学生快速地进入问题探究中。

2. 设置跨学科情境，引发学生兴趣

《义务教育数学课程标准（2022年版）》强调学科整合，主张学科之间相互融合，教学中应该有足够的广度和学科渗透，跨学科教学有利于改变以往学科对立的教学模式，同时与其他学科相结合丰富学生的技能和情感。数学是基础学科，与各学科均有所关联，教师可以将之与学生感兴趣的学科进行关联，以达到激发学生学习兴趣的目的。近年来，各地的中考数学试卷内也出现了一些其他学科的问题。例如，数学除了可以与物理相结合，还可以与生物、化学、地理等学科结合。学生通过学习这些跨学科知识不仅可以激发其对数学的学习兴趣，还可以提高其对数学的应用能力。

3. 设置故事情境，引发学生兴趣

教师可以利用一些名人故事或者其他学生感兴趣的小故事创设问题情境。例如，在学习反证法之前，可以引入"道旁苦李"的故事：王戎七岁时，与小伙伴出去玩耍，看到树上有很多李子，小伙伴们都争相去摘李子，王戎却不动。小伙伴问他为什么不去，王戎说："李子树在路边竟然还有这么多果子，这些果子一定很苦。"众人尝后，果然很苦。那么，王戎怎么知道李子是苦的呢？教师可以在学生激烈地讨论后向其讲解反证法的原理。通过利用这种充满趣味性的故事，教师可以较好地激起学生的求知欲，集中学生的注意力。

教师还可以利用生活中的实际问题、数学实验、数学游戏、有关数学的歌曲以及历史故事等创设问题情境，以达到激发学生学习兴趣、活跃课堂气氛的目的，使学生主动探究学习，从而产生良好的教学效果。

（五）加强情境教学评价

初中数学情境教学中的课堂教学评价与反思对于教师的教学质量和教学效果的检验与提升具有重要意义。课堂教学评价的作用就是解决教学实践中存在的问题，主要采用的方式是观察和分析课堂教学活动，通过这样的实证研究，可以合理评判教师的教学和学生的学习，达到改善教学质量的目的。因此，对于课堂教学评价，要进行基于课堂观察数据的理论分析，而不能仅停留在思辨层面。

对于初中数学情境教学的课堂评价，教师一定要重视评价目标的多元化与评价方法的多样化，充分发挥课堂教学评价的功能。课堂教学评价要对"教"与"学"进行双向评价，因为只有达到"教"与"学"评价相统一，课堂教学评价才具有比较高的教育意义和价值，同时也能为后续开展初中数学情境教学提供准确的指导。课堂教学评价应与数学课程改革的需要相一致，现行的课堂教学评价标准更加关注学生的全面发展，因此课堂教学评价标准也更加多元化。

初中数学情境教学是一种开放式教学模式，学生具有很大的自主性。因此，新课改理念下的初中数学情境教学，在课堂教学评价方面实施的是促进学生发展的多元化评价，其内容主要包括评价主体的多元化和评价方式的多元化。不同的课堂教学评价体系具有不同的特质，数学教师应该根据数学教学活动和学生的实际学情，选择适合学情的评价方式。教学反思对于初中数学情境教学质量的提高至关重要。教学反思是指教师对自己的教学活动进行重新审视、客观诊断与调控，发现自己在教学活动中的优势与不足，并以此来总结经验，及时调整自己的教学方式与策略，以达到提高教学质量的目的。

初中数学情境教学中的教学反思主要包括以下两方面的内容。一是反思初中数学情境教学的本质。数学教师要反思自己对情境教学的本质是否有正确的认知，能否对情境教学的各个环节产生教育性的思考，自身的教学实践技能是否与情境教学观念相符。二是对情境教学活动的反思。教师要时刻对自己的教学过程和教学方法进行深刻反思，教学行动要能体现出新课改的初中数学教学理念。教学反思要与学生数学核心素养的发展相统一，高质量的初中数学情境教学必然是以提升学生的数学核心素养为教育目的的，所以初中数学情境教学的教学目标应体现出与学生的数学核心素养相对应的内容。

（六）优化情境教学管理体系

现阶段初中数学教学当中情境教学的运行需要依托科学合理的管理体系，也就是说初中数学教师应采取更有效的教学策略来帮助学生学习，并且这样的教学理念应当始终呈现在教学过程当中。

1. 加强教学管理制度

在初中数学教学课堂上，应用情境教学是一个长期的、持续性的过程，而科学合理的制度保障能够组合教学过程中出现的多种因素，从而为初中数学教学开展情境教学提供有效支持。初中数学教师也要不断分析实施情境教学过程当中出现的问题、实施的状况以及实施之后学生的需求，从而建立起与情境教学相对应的备课制度、导学制度以及课后评价制度。

2. 不断研究数学情境教学

与情境教学研究相关的教研人员要不断拓展研究成果，以便更好地为初中数学情境教学提供相关的理论支持。同时，初中数学教师还应该在教学实践当中去持续深化情境教学的运用，积累情境教学的教学经验，从而更好地提升初中数学课堂的教学质量。

3. 加强资金支持力度

教学活动的有序展开需要依托充足的资金。因此，在初中的财政管理体系中，应当加强对数学教学方法研究项目的资金支持，建立专费专用的资金管理体系。例如，在情境教学研究中取得一定成果的教学教师，学校可给予相应的资金奖励，从而激发教师参与情境教学研究的热情，更好地推进初中数学课堂的发展。

参考文献

［1］刘乃志，吴丽，王仁全．初中数学课堂教学研究与实践操作［M］.成都：电子科技大学出版社，2015.

［2］王国强．初中数学课堂教学实践［M］.成都：电子科技大学出版社，2016.

［3］朱宸材，王宇峰，杨峰．初中数学课堂教学实践与反思［M］.长春：东北师范大学出版社，2016.

［4］张晓贵．中学数学教学设计案例与分析［M］.合肥：中国科学技术大学出版社，2016.

［5］蒋亦华，周友士．中学数学教学设计与案例分析［M］.苏州：苏州大学出版社，2016.

［6］张荣良，王如东．初中数学教学的思考与研究［M］.天津：天津科学技术出版社，2017.

［7］王国江，张倬霖．基于核心素养的数学创新教学设计［M］.上海：上海社会科学院出版社，2018.

［8］孙桂瑾．初中数学教学设计与方法［M］.汕头：汕头大学出版社，2018.

［9］张明纪．初中数学教学设计与教学方法研究［M］.青岛：中国海洋大学出版社，2018.

［10］胡勇，黄龙，周志朝．中学数学教学设计与应用技巧［M］.长春：吉林人民出版社，2019.

［11］周月玲，曾彩香，陈雪霞．初中数学翻转课堂教学模式研究［M］.长春：吉林人民出版社，2020.

［12］李文革．初中数学教学的理论与实践［M］.郑州：河南大学出版社，2020.

［13］张铭德．初中数学教学信息化体系建构研究［M］.天津：天津科学技术出版社，2020.

［14］孙美娟.初中数学教学与班主任管理［M］.青岛：中国海洋大学出版社，2020.

［15］成艳玲.核心素养视域下初中数学课堂教学策略探寻［M］.长春：吉林人民出版社，2021.

［16］袁华，李德虎.数字教材应用的初中数学课堂实践［M］.青岛：中国海洋大学出版社，2021.

［17］何克抗.建构主义的教学模式、教学方法与教学设计［J］.北京师范大学学报（社会科学版），1997（5）：74-81.

［18］王学锋.形成性评价中的自我评价：理论、内容与方法——以英语写作教学为例［J］.中共山西省委党校学报，2015，38（4）：125-128.

［19］刘明霞.运用形成性评价培养学生自主学习能力［J］.中国成人教育，2015（13）：157-159.

［20］白晶，牛实华.形成性评价中的有效反馈策略研究［J］.黑龙江科学，2018，9（15）：52-53.

［21］乃奕，宋伟.形成性评价在教育学教学中的应用［J］.现代交际，2020（7）：185-186.

［22］王伟伟.形成性评价在英语写作教学中的应用［J］.文学教育（下），2020（9）：97-98.

［23］谷晓波.基于"双减"背景的初中数学教学探析［J］.延边教育学院学报，2021，35（6）：171-174.

［24］刘媛媛，楚素芬.试论初中数学教学中如何有效运用信息技术［J］.中国新通信，2021，23（20）：207-208.

［25］王倩倩.基于支架式教学的高中学术著作类整本书阅读教学研究［D］.大连：辽宁师范大学，2021.